# 습관을 만드는 뇌

인간은 사소한 일조차 뇌가 시켜서 한다

# 습관을 만드는 뇌

양은우 지음

whale books

# 뇌과학이 내 삶을 변화시킨다

뇌과학과 인연을 맺은 지 벌써 꽤 많은 시간이 지났지만 여전히 뇌는 알면 알수록 신비하고 재미있는 존재라는 생각이 든다. 2019년 여름에 고려대학교에서 열린 '지제근 교수의 신경해부통합강좌'에 참여한 경험이 있다. 이틀간의 신경해부학 강의가 끝난 후 뇌를 해부하는 시간이 있었다. 뇌과학을 몇 년간 공부했어도 실물 뇌를 본 건 처음이었다. 그때 만져본 뇌는 겨우 두 주먹을 합쳐놓은 작은 크기에 회색의 단단한 묵과 비슷해 보였다. 별다를 것 없어 보이는 뇌가 생활 곳곳에 스며들어 보이지 않게 영향을 미친다니 새삼 놀라웠다.

우리는 평소 뇌를 의식하지 못하고 지내는 경우가 많지만 인간의 사고와 행동은 사소한 것 하나까지 뇌의 영향을 받지 않는 것이 없다.

업무, 진학, 취업, 결혼, 육아 등 깊이 사고하고 의사 결정을 내려야 하는 경우는 물론, 점심으로 무엇을 먹을지, 언제 자고 언제 일어날지, 어떤 상황에서 어떻게 행동하고 말할지 등 소소한 것도 모두 뇌의 신경 활동으로 이뤄진다.

사고와 행동이 무대 위에 선 마리오네트라면 무대 뒤편에서 그들을 조종하는 것은 바로 뇌다. 사람을 좌지우지하는 뇌는 그것을 이루는 신경구조와 호르몬의 작용으로 사람마다 모두 다르게 작동한다. 이러한 다름은 개인 성격이 되기도, 습관을 만들어내기도 한다.

성격과 습관은 한 사람을 규정짓는 정형화된 패턴이기에, 잘못된 성격과 습관을 바로잡고자 할 때 주로 표면적으로 드러난 것에만 관심을 쏟는다. 예를 들어 감정 기복이 심하거나, 게으름을 피우거나, 눈치 없이 행동하는 등 의식의 그물에 걸린 것들 말이다. 하지만 표면적으로 드러난 현상을 한 꺼풀 들추고 들어가면 의식하지 못하는 곳에서 패턴을 만드는 뇌를 만난다.

의식과 무의식의 모든 단계에서 뇌가 관여하기에 성격과 습관을 바꾸기 위해서는 뇌가 움직이는 방식을 이해해야 한다. 뇌의 움직임이 집합적으로 모여 의식 표면에 드러난 것이 성격과 습관이므로 뇌가 사고와 행동에 어떤 영향을 미치는지 알수록 그것들을 바꿔나가기 쉽기 때문이다.

이 책에서는 일상생활 중에 수시로 마주치는 사소한 이야기들을 다루고 있다. 한 번쯤은 가위질하면서 입을 씰룩거려 본 경험이 있을 것이다. 가끔은 사람들 앞에서 다리를 떨거나 회의 시간에 볼펜을 돌려본 적도 있을 것이다. 나이가 들어갈수록 시간이 빨리 간다고 느끼는 것은 슬프면서도 당연한 이야기다. 좋지 않은 걸 알면서도 직장 동료와 함께 상사의 뒷담화를 하는 일은 즐겁기만 하다. 이렇듯 누구나 겪지만 너무나 사소해서 의식하지 못하는 이야기를 뇌와 관련지어 가볍게 읽을 수 있도록 했다. 일부 뇌과학으로 설명하기 어려운 이야기는 진화심리학의 도움을 받기도 하고 개인적 추론을 담기도 했다.

한편으로는 편견과 선입견, 고정관념 등도 뇌가 만들어낸 사고의 습관이라고 할 수 있다. 이로 인해 뇌는 효율을 추구하게 되었지만, 매사 자신이 만들어낸 사고의 프레임을 잣대로 삼는다면 인간관계와 일에서 바람직하지 않은 결과를 얻을 수 있다. 이러한 것을 알고 대응하는 일과 모르고 대응하는 일 사이에는 큰 차이가 있다.

뇌과학을 공부하면서 나에게는 여러 변화가 있었다. 무엇보다 가장 큰 변화는 좋지 못한 습관들을 조금씩이나마 고쳐나갔고 통제 가능한 수준으로 다루게 된 것이다. 삶을 힘들게 만들었던 조바심에서 벗어남으로써 좀 더 여유 있는 삶을 즐기게 되었으며, 해야 할 일을 미루고 게으름을 피우는 등 좋지 못한 습관도 떨쳐버렸다 여전히 일이 마음대로 풀리지 않을 때는 부정적이고 강박적인 사고에 사로잡히기도 하지만 그것이 어디에서 비롯하는지 알기에 사고의 포로가 되지 않으려고 꾸준히 노력한다.

사람에 대한 이해도 넓어졌다. 뇌과학을 공부하기 전까지만 해도 항상 내가 옳은 줄 알고 내 의견만이 절대적이라고 여겼다. 그렇기에 모든 사람이 내 기준을 따라주길 원했지만, 뇌가 편견과 선입견 덩어리라는 것을 알고 나서는 내가 항상 옳지 않으며 다른 사람을 이해해야 한다는 생각을 얻었다. 심리학으로는 채워지지 않던 부분을 뇌과학으로 채운 것도 있었다.

이 책을 읽으면서 '이것도 뇌가 시킨 일이야?'라는 깨달음을 얻는다면, 자신과 타인이 가진 사고와 습관에 대한 이해가 높아지고 뇌를 더 현명하게 활용할 수 있는 팁을 얻게 될 것이다. 직접적으로 이 습관은 잘못되었으니 이렇게 고쳐야 한다고 말하기보다는, 뇌는 이렇게 몸과 마음을 움직이니 그것을 이해하고 자신을 돌아봄으로써 변화의 실마리를 찾는 쪽으로 이 책을 활용할 수 있게 했다.

뇌과학은 어렵다는 편견을 깨고 읽어나가다 보면 자신의 모든 사고와 행동 속에 뇌가 깊숙이 관여한다는 것을 알고 자신과 주변에 세심한 주의를 기울이게 될 것이다. 그리고 어느 사이 성격과 습관도 자연스럽게 달라지지 않을까 한다. 뇌의 타성을 깨달으면 생각의 한계를 뒤집을 수 있으니 말이다.

이 책을 일상생활 속에서의 뇌의 존재를 다시 한번 생각해 보고 뇌를 올바르게 활용함으로써 좋은 습관을 다져나가는 계기로 삼았으면 한다.

# C O N T E N T S

**CHAPTER 2**

# 뇌가 곧 현상의 세계다

**CHAPTER 3**

# 감정도 뇌가 설계한다

**CHAPTER 4**

# 뇌는 몸을 움직이기 위해 존재할 뿐이다

## CHAPTER 1

# 최소한의 뇌과학으로
# 행동의 비밀을 풀다

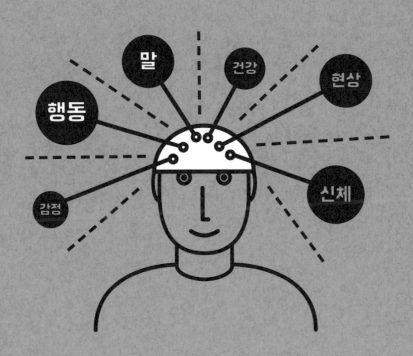

# 상사의 뒷담화는
# 왜 즐거울까?

직장인에게 상사는 영원한 '안주'다. 밉상 짓을 하는 동료나 후배를 헐뜯는 일보다 상사를 '씹는' 맛이 더욱 좋다. 고구마 백 개를 먹은 것처럼 답답했던 가슴이 사이다를 마신 것처럼 뻥 뚫리는 기분이 든다. 직장 내 가십성 대화 중 가장 많은 것이 상사에 대한 험담이라고 한다. 그만큼 상사의 뒷담화는 피할 수 없는 일 중 하나인데 이는 인간이 지닌 본능과 관련이 있다.

인간 본능은 다섯 가지로 구분되는데, 바로 생존, 성, 서열, 영역, 애착이다. 인간은 이성적인 존재로 여겨지지만 모든 행동은 다섯 가지 본능에서 자유로울 수 없다. 상사에 대한 험담은 서열 본능과 관련된다. 노르웨이의 동물학자이자 비교심리학자인 셸데루프-에베(T.

Schjelderup-Ebbe)는 어려서부터 닭을 좋아해 수시로 관찰하곤 했는데 닭이 종종 부리로 다른 닭을 쪼는 것을 보았다. 연구 끝에 그것이 무리 내 서열과 관련이 있다는 것을 깨달았다. 서열이 높은 닭은 자신보다 낮은 닭을 가차 없이 부리로 쪼아버릴 수 있다.

반면 서열이 낮은 닭은 자신보다 높은 서열의 닭이 벼슬을 쪼아도 별다른 저항을 하지 못한다. 이를 두고 셸데루프-에베는 '쪼기 서열 (pecking order)'이라는 이름을 붙였는데 후에 동물 세계에 존재하는 서열을 나타내는 의미로 사용된다.

동물 세계에서 서열이 중요한 것은 서열이 높은 동물은 생존과 번식에서 절대적으로 유리한 위치를 차지하기 때문이다. 맛있는 음식을 배불리 먹고 암컷과의 짝짓기에서도 유리하다. 또한 수명도 길고 스트레스를 덜 받으며 편안한 삶을 살 수 있다. 그래서 동물들이 기를 쓰고 높은 서열로 올라가려 한다.

동물적 본능이 남아 있는 인간도 서열을 높이거나 지키려고 노력한다. 인간 세상에서의 서열은 '지위감'으로 표현되는데 자신의 지위에 대한 심리적 만족감이다. 지위감에 위협을 받으면 스트레스 호르몬 코르티솔이 급증하고 불안과 두려움에 시달린다.

반면 지위감이 높아지면 도파민과 세로토닌 분비가 왕성해지고 코르티솔은 현저히 낮아진다. 테스토스테론의 분비도 늘어나 강한 모습과 자신감이 드러난다. 런던대학교의 마이클 마멋(Michael Marmot) 교수에 의하면 지위감이 인간 수명을 결정짓는 핵심 요인이다. 그 정도로 지위감은 인간에게 중요한 감정 중 하나다.

지위감은 사회 지위와 재산, 명예 등 눈에 보이는 물리적인 것과, 눈에 보이지 않는 심리적인 것으로 나뉜다. 심리적 지위감을 높이려는 시도는 두 가지 형태로 나타나는데, 하나는 자기 자신을 드러내고 과시함으로써 자신을 끌어올리는 것이다. 이를 잘 반영한 것이 '카페인(카카오 스토리, 페이스북, 인스타그램)'과 같은 소셜미디어다. 소셜미디어를 운영하는 목적은 대부분 자기 자신을 과시하거나 자랑하기 위한 것이다.

다른 하나는 지위감이 낮아졌다고 느낄 때 남을 헐뜯고 끌어내림으로써 손상된 지위감을 회복하는 것이다. 자신의 지위감을 높이기 위해서는 노력이 필요하므로 어려운 반면, 다른 사람의 지위감을 끌어내리는 것은 상대적으로 수월하다. 험담과 비난으로 다른 사람을 깎아내리기만 하면 되기 때문이다. 상사는 자신보다 서열이 높은 사람이고 그 앞에서 늘 낮은 지위감을 느낄 수밖에 없다. 낮아진 지위감을 회복하려면 상사를 깎아내리지 않으면 안 되는데, 이것이 상사를 '씹는' 주된 이유다.

다른 요인도 있다. 상사는 자신보다 높은 서열을 가진 존재이므로 자신이 언제 '쪼임'을 당할지 알 수 없다. 존재 자체만으로도 불안과 스트레스를 주기에 코르티솔이 줄줄 흘러나온다. 그런데 뒷담화를 하면 행복 호르몬인 세로토닌 수치가 높아지고 코르티솔 수치는 낮아진다. 스트레스에서 해방되어 행복을 느끼는 것이다. 또한 같은 처지에 놓인 동료와 함께 상사를 헐뜯으며 맞장구를 치다 보면 유대감이 형성되어 관계 호르몬인 옥시토신 분비가 늘어나고 마음이 편안해진다. 스트레스는 줄고 행복감은 늘어나기에 상사에 대한 뒷담화가 멈추질 않는 것이다.

그러나 주의해야 한다. 세상에 영원한 비밀은 없듯이 상사에 대한 뒷담화도 돌고 돌아 언젠가는 당사자 귀로 들어간다. 그러면 화살은 험담한 자신에게 돌아올 것이고 자칫 잘못하면 상사의 눈 밖에 날 수도 있다. 또한 다른 사람을 깎아내림으로써 심리적 지위감을 높이려는 시도는 부정적 습관을 부르고 공허함을 남긴다. 그러므로 가급적이면 그런 자리를 피하는 것이 상책이며, 피할 수 없을 때는 들어만 주는 것이 차선책이다.

# 나이 든 사람일수록
# 말이 안 통하는 이유

문해력. 말 그대로 글을 읽고 이해하는 능력을 말한다. OECD에서 세계 각국의 사람을 대상으로 문해력을 조사한 결과, 한국 사람의 문해력은 다소 충격적이다.

문해력은 1등급에서 5등급까지로 나누는데 숫자가 낮을수록 문해력이 뛰어남을 의미한다. 즉 문해력이 1등급이라면 가장 우수함을, 5등급이라면 가장 형편없음을 나타낸다. 조사 결과 우리나라 삼십 대까지의 문해력은 3등급으로 그리 나쁘지 않은 편이다. 하지만 오십 대 이상으로 넘어가면 최하위 5등급으로 떨어진다. 결과만 놓고 보면 나이가 들수록 '말이 통하지 않는' 것으로 생각할 수 있다.

그런데 나이가 들면 왜 말이 잘 안 통하는 걸까? 단순히 다른 사람의 말은 듣고 싶어 하지 않고 자신의 말만 하려고 해서 그럴까? 자신이 경험하고 아는 것이 항상 옳다고 여기기에 가르쳐줘야만 직성이 풀리는 '꼰대' 기질이 있기 때문일까? 사실 나이 든 사람이 젊은 사람과 말이 잘 통하지 않는 것은 자기주장만 펼치는 이유도 있지만 뇌의 변화도 관련이 있다.

린 해셔(Lynn Hasher)와 로즈 잭스(Rose T. Zacks)는 노화에 따른 작업기억의 변화에 관한 연구를 수행했다. 이들은 젊은 사람과 나이 든 사람을 피험자로 모집한 후 문법적으로 복잡한 텍스트를 읽도록 했다. 문법적으로 복잡하다는 것은 그것을 이해하기 위해 작업기억을 많이 사용해야 함을 의미한다. 과제 수행 결과 나이가 많은 집단은 작업기억이 젊은 집단보다 상대적으로 나빴는데, 텍스트를 읽고 이해하는 데도 어려움을 더 많이 겪었다. 결국 작업기억의 저하가 글을 읽고 이해하는 문해력의 저하로 이어졌다고 할 수 있다.

사람의 뇌는 이십 대 초중반에 정점을 찍은 후 나이가 들어갈수록 퇴화한다. 퇴화라는 말이 나쁘게 들릴 수도 있지만, 뇌는 더 이상 발달하지 않고 오랜 시간에 걸쳐 서서히 신경세포가 사멸하고 시냅스 간의 연결이 끊어지면서 기능이 떨어진다.

그런데 뇌 기능이 떨어지는 데도 순서가 있다. 뇌는 뒤쪽의 후두엽에서 앞쪽의 전두엽 순으로 완성된다. 뒤쪽에 있는 시각피질은 어린 시절에 이미 완벽하게 발달하지만, 전두엽은 사춘기가 지나서야 겨우 완성된다. 하지만 퇴화할 때는 그 반대로 이뤄진다. 뇌의 가장 앞쪽에 있는 전전두엽부터 시작해서 점점 뒤로 가면서 퇴화하는 것이다. 전전두엽은 CEO 역할을 하는 장소로 이곳이 퇴화하는 것은 전반적 인지 기능이 저하하는 것을 의미한다.

전전두엽은 이성적이고 논리적이며 합리적 사고를 관장하지만, 이곳에서는 작업기억도 관리한다. 작업기억이란 무언가 과제를 수행하는 데 필요한 단기적 기억을 말한다. 예를 들어 어떤 기계가 고장 나서 고친다고 해보자. 고치기 위해서는 기계를 분해해야 하고, 다시 조립하려면 분해한 순서를 잘 기억해야 한다. 그래야 분해한 역순으로 조립할 수 있기 때문이다. 이러한 것이 작업기억인데 나이가 들면 전전두엽이 퇴화하면서 작업기억도 덩달아 저하한다. 그러면서 실험 결과와 같이 텍스트 이해 능력도 낮아진다.

결국 나이 든 사람과 젊은 사람이 말이 안 통하는 것은 나이 든 사람의 고집 때문도 있겠지만 뇌의 노화에 따른 자연스러운 현상인 것이다.

# 남자는 왜
# 쇼핑을 힘들어할까?

인터넷을 보다 보면 가끔 재미있는 사진들이 올라오곤 한다. 그중 하나가 쇼핑몰에 설치된 게임기 앞에 앉아 있는 남자들의 모습이다. 게임기는 아내가 쇼핑하는 동안 남편이 지루함을 느끼지 않게 하기 위해서 만들어놓은 킬링 타임용 장치다.

일반적으로 남자들은 쇼핑하는 것을 그리 즐거워하지 않는다. 정확히 말하자면 쇼핑 자체를 싫어하는 게 아니라 '아내와 함께' 쇼핑하는 것을 좋아하지 않는다. 이유는 명확하다. 지루하기 때문이다. 관심 없는 것들을 따라다니며 살펴봐야 하고, 자신의 눈에는 모두 '거기서 거기'인 똑같은 물건을 보고 또 보는 아내가 답답하기 때문이다. 물론 그렇지 않은 사람도 있다. 세상의 어떤 일에나 예외가 있듯이 여자들

못지않게 꼼꼼히 들여다보고 따지며 쇼핑을 즐기는 남자도 있다. 하지만 그건 어디까지나 예외일 뿐, 대다수는 아내와 쇼핑하는 것을 힘들어한다.

문명이 발달하지 않은 아주 먼 옛날, 원시시대의 이야기다. 그 당시 남자는 주로 수렵을 통해 식량을 확보했다. 산과 들판, 정글 등을 돌아다니며 동물을 사냥하는 것으로 생계를 유지했다. 이와 다르게 여자는 들판을 돌아다니며 곡식을 줍고, 나무 열매를 따고, 채소를 캐곤 했다. 빠르게 움직이는 동물을 쫓아가 잡아야 하는 남자에게는 목표물을 놓치지 않도록 빠르고 신속하게 행동하는 것이 중요했다. 자칫 한눈이라도 파는 날에는 눈앞의 목표물을 놓칠 수 있었기에 오로지 목표물만 바라보고 나아가야 했다. 즉 목표물을 빠르게 찾고, 재빨리 겨냥하고, 잽싸게 획득하는 것이 생존을 결정짓는 요소였다.

이러한 습관이 남아 있기에 남자는 백화점과 쇼핑몰에 가서도 똑같이 행동한다. 만일 자신이 사고 싶은 물건이 백화점 4층에 있다면 출입문에 들어서서 한눈팔지 않고 곧장 4층으로 향한다. 그리고 자신이 사려는 물건을 골라 바로 계산한 후 백화점을 나선다. 쇼핑하는 데 일체 군더더기가 없다.

반면에 채집이 주요 활동이었던 여자는 이와 또 다르다. 설렁설렁 지나쳐서는 우거진 수풀 속에 감춰진 열매를 찾아내기 어렵다. 자칫 잘못하다가는 밥을 굶기 십상이니 꼼꼼하게 주위를 살펴보지 않으면 안 된다. 여기저기 빠짐없이 살피고 왔던 길에도 혹시나 놓친 건 없는지 다시 한번 돌아봐야 한다.

이렇게 진화하다 보니 여자는 백화점에서도 그냥 지나치지 않는다. 사고 싶은 물건이 4층에 있다면 출입문을 들어서는 순간부터 매의 눈이 되어 사방을 꼼꼼히 살핀다. 한 번 지나갔던 곳도 놓친 것은 없는지 다시 한번 돌아본다. 때로는 그러한 행동으로 가성비 좋은 물건을 '득템'할 수도 있는데 그러다 보면 4층까지 가는 데 몇 시간이 걸린다. 출입문을 지나자마자 바로 4층으로 가고 싶은 남자와 주위의 온갖 것을 둘러본 후에야 가는 여자의 사이에는 갭이 있음은 말할 필요가 없다.

이러한 진화는 남자와 여자가 뇌를 활용하는 방식에도 차이를 가져왔다. 남자는 주로 좌반구나 우반구, 즉 뇌의 같은 측면에서 '앞뒤'로 빠르게 신경전달이 일어난다. 좌반구와 우반구 사이의 신경전달은 여자보다 상대적으로 적은 편이다. 반면 여자는 같은 반구의 앞뒤보다는 좌반구와 우반구 '사이'의 신경전달이 활발하다. 생각해 보면 이유는 간단하다.

남자가 우거진 수풀 속에서 어떤 움직이는 것을 발견했다고 해보자. 그것이 사냥감인지, 자신을 해칠 거대 동물인지, 아니면 다른 경쟁자인지 알 수 없다. 사냥감이면 재빠르게 돌을 던지거나 화살을 쏘아 잡아야 하지만 육식 포유동물이라면 부리나케 도망가야 한다. 그러한 의사 결정이 일어나려면 우선은 눈으로 대상을 살펴봐야 한다.

시각피질은 뇌의 뒷부분에 있다. 눈을 통해 움직이는 물체의 정보가 입력되면, 그것은 신경회로를 타고 시각피질로 전달된다. 정보는 다시 머리 앞쪽에 있는 전두엽으로 전달되어 사냥감인지 포유동물인지 판단하는 과정을 거친다.

만일 움직이는 물체가 사냥감이면 전두엽은 운동피질에 명령을 내려 돌을 던지거나 화살을 쏘게 할 것이고, 육식동물이면 근육을 움직여 도망가도록 할 것이다. 이 과정은 빠르면 빠를수록 생존에 유리하다. 순간적으로 보고 순간적으로 판단하는 것이 중요하다. 그러므로 뇌의 앞뒤 간 정보를 주고받는 기능이 발달할 수밖에 없다.

그런데 여자가 하는 활동은 그리 급할 것이 없다. 빠르게 목표물을 찾고 재빠르게 채취하는 것보다는 꼼꼼하고 신중하게 차근차근 주위를 살펴보는 것이 더욱 도움 된다. 좌우 뇌를 모두 활용해 서로 정보를 주고받는 것이 효과적이다. 그래서 여자의 뇌는 같은 반구의 앞뒤보다는 좌반구와 우반구 간의 신경회로 연결이 더욱 발달되어 있다.

진화적 요인으로 남녀는 이렇게 다르다. 앞에서도 이야기했지만 남자라고 모두 쇼핑을 싫어하고 여자라고 모두 쇼핑몰을 이 잡듯 살피지는 않는다. 예외는 있다. 나 역시 남자긴 해도 쇼핑을 좋아한다. 하지만 1층부터 마지막 층까지 샅샅이 돌아다니는 일은 질색이다.

어쨌거나 중요한 것은 서로 다르다는 점을 인정하는 것이다. "필요한 것만 사고 가면 되지, 그렇게 여기저기 들쑤시고 다니는 거야?"라거나 "당신이랑 쇼핑하면 조급하게 굴어서 불안해 못 견디겠어"라고 푸념하기보다는 상대방을 이해하고 최선을 다해 배려하려는 마음이 더 중요할지 모른다. 그것이 소통의 시작이다. 상대방에 대한 이해와 배려 없이 나의 편의와 주장만 내세운다면 소통의 질식이 일어나고 갈등의 골이 파이게 마련이다.

# 남자가 고가의 물건을
# 사는 이유

2014년 10월 독일 뷔르츠부르크대학교 연구 팀은 흥미로운 연구 결과를 발표했다. 독신이거나 결혼을 전제로 사귀는 애인이 없는 남성의 경우, 고성능 스마트폰을 구매할 확률이 높다는 것이다. 연구 팀은 논문에서 남성이 단기간에 이성을 유혹하는 전략으로서 고가 물품을 소비하는 경향이 있다고 밝혔다. 이 남성들에게 고가의 스마트폰은 상징적 물건이다. 비싼 스마트폰을 소지하고 다니는 자신은 연인에게도 충분히 필요한 것을 줄 수 있는 사람이라고 어필하기 위한 거라고 연구 팀은 추측했다.

이성을 유혹하려고 고가의 스마트폰을 소지한다니 새삼스러우면서도 재미난 연구 결과다. 남자는 도대체 왜 그럴까? 속물근성 때문이라고 말할 수도 있겠지만, 그 전에 진화심리학적 관점에서 실험 결과를 되돌아봐야 한다. 예부터 동물과 식물을 가리지 않고 '번식'은 살아 있는 모든 생명체의 최대 관심사다.

식물이 가장 화려하게 꽃을 피우는 시기는 혹독한 겨울을 넘기고 난 후다. 얼어 죽을 뻔한 위기를 넘기고 나면 나무는 자손을 가능한 한 많이 남기려고 예년보다 더 많은 꽃을 피운다. 곤충을 비롯해 많은 동물이 위기 상황이 되면 알이나 새끼를 낳고 죽으려 한다. 그만큼 번식 본능은 생존 본능을 초월하는 대단한 욕구다.

사람도 예외가 될 수 없다. 예부터 남자는 가급적 많은 여자와 관계를 맺어 자손을 남기길 원한 반면, 여자는 자기 자손을 안전하게 키워줄 능력 있는 남자를 만나길 선호했다. 즉 '이 사람이면 내 아이를 안전하게 키울 수 있겠구나' 하는 판단이 드는 남자를 배우자로 선택했다는 것이다. 여기서 '안전'은 굶기거나 얼어 죽지 않게 하는 것은 물론 남보다 좋은 조건에서 키우는 것을 말한다. 그러다 보니 키가 큰 남자나 유머 감각이 뛰어난 남자가 선호하는 배우자 조건이 되었다. 큰 키는 멀리까지 내다보거나 높은 나무에 매달린 열매를 따는 데 유리하고, 유머 감각은 그만큼 머리가 좋다는 것을 나타내니 말이다.

여자가 보는 배우자의 선택 조건에 경제적 능력이 빠질 리 없다. 당연히 돈이 많은 사람과 결혼하는 것이 자식을 안전하게 키우는 데 도움이 된다. 결국 돈이 많다는 것은 현대사회에서 자기 자식에게 좋은 음식과 편안한 집 그리고 훌륭한 교육의 기회를 주고 남보다 뛰어난 경쟁력을 갖추게 하는 데 상대적으로 유리한 조건이다. 남자들이 나이가 들면서 직업이 안정되고 수입이 늘어나면 바람을 많이 피우는 것도 이 때문이다. 젊은 남자보다 나이 든 남자가 경제적 측면에서는 훨씬 안정적이다. 그래서 번식을 최우선 과제로 여기는 남자와 자식을 안전하게 키우고 싶은 여자의 니즈가 딱 맞아떨어지는 것이다.

다시 말해, 실험에서 남자들이 고가의 스마트폰을 지니는 것은 벤츠를 가졌다고 자랑하는 것과 같다. '당신이 나와 결혼하면 자식을 안전하게 키워줄 만큼 경제적 능력이 있으니 나와 사귀자'는 번식 본능에 충실한 메시지를 보내는 것이다. 그러니 이런 남자에게 속물이니 뭐니 손가락질할 이유는 없다. 물론 이 이야기는 진화심리학에 근거한 것이다. 과학적으로 입증하기는 어렵다는 말이다. 하지만 오늘날처럼 문명시대를 살아가면서도 인간의 뇌는 본능에 충실해야만 했던 원시시대의 습성을 그대로 간직하고 있다. 자신에 대한 과시는 자손번식이라는 본능을 충족하는 데 유리하게 작용할 수 있으며, 뇌는 이를 따르려는 경향이 있다.

이건 좀 다른 이야기지만 와인을 즐기는 사람에게서도 심리 요인이 큰 비중을 차지한다. 와인을 즐기는 사람은 와인 맛을 잘 구별하지 못한다. 그럼에도 와인을 좋아한다고 말한다. 와인이 지식을 뽐내기에 가장 적합한 술이기 때문이다.

와인에 조예가 있는 사람은 몇 시간이라도 와인에 대해 이야기할 수 있다. 일반 사람에게 와인은 고도의 전문성을 요하는 술인지라 쉽게 접근하기 어려운데 전문 지식을 술술 풀어내는 사람을 보면 절로 감탄이 나올 수밖에 없다. 와인을 즐기는 사람은 이런 반응을 즐기기 위한 것일 수 있다. 하지만 현실적으로 와인 맛을 구분하기는 쉽지 않다. 아니라고? 그렇다면 나와 내기해도 좋다. 전문 소믈리에가 아니고서야 와인 맛을 구분해 내기란 하늘의 별 따기만큼이나 어렵다.

실제로 뉴욕의 한 레스토랑에서 2,000달러짜리 '보르도 샤토 무통 로칠드'와 18달러짜리 '피노 누아'가 실수로 뒤바뀐 채 서빙되었는데 주문한 와인과 다른 와인을 받은 두 테이블 모두 그 사실을 알지 못했다고 한다.

# 어떤 사람은 왜
# 눈치 없이 행동할까?

예전에 예능 프로그램 〈무한도전〉을 무척 좋아해서 거의 매주 빼놓지 않고 보곤 했다. 멤버 중에서 정준하 씨는 눈치 없는 사람으로 유명했다. 매주 다른 게임을 하지만 어떨 때는 게임이 다 끝나갈 때까지 "오늘 도대체 뭘 하는 거야?"라고 다른 멤버에게 묻는 장면이 종종 나오곤 했다. 그렇다고 이 사람이 진짜 바보는 아니다. 특집 편 '정총무가 쏜다'에서 멤버들이 무작위로 집어 든 물건 가격을 오차범위 내에서 정확히 맞히는 것을 보면 꽤 논리적이고 똑똑한 사람임에 틀림없다. 하지만 아쉽게도 눈치가 없는 건 분명하다.

사람들 중에는 눈치가 빠른 사람도 있고 눈치 없는 사람도 있다. 흔히 눈치 없는 사람보고 '맥락 파악'을 못 한다고 한다. 맥락을 잘 파악하는 사람과는 커뮤니케이션이 물 흐르듯 이뤄지지만 그렇지 않은 사람과는 제대로 대화가 되지 않는다. 이야기 맥이 뚝뚝 끊어져 답답함을 느낄 정도다.

눈치는 사람이 살아가는 데 아주 중요한 생존 수단이다. 눈치가 부족해서 자신이 처한 상황에 대한 맥락 파악이 제대로 안 되면 사회에서 부적절한 행동을 할 수 있기 때문이다. 예를 들어, 부장이 화를 꾹꾹 눌러 참고 있는데 거기에 대고 "부장님, 오늘은 좀 일찍 퇴근하시죠?"라거나 "배고픈데 맛있는 것 좀 사주세요"라고 하면 좋은 소리를 듣기 어렵다.

이렇듯 사람에 따라 맥락 파악이 다른 이유는 해마에 있다. 해마는 귀 안쪽 깊숙이 자리하며 학습과 기억에 관여한다. 해마가 정상적으로 기능하는 사람은 맥락 파악이 빨라 '눈치 백 단형' 인간이 되지만, 해마의 활동이 저조한 사람은 눈치마저 안드로메다로 날아갈 수가 있다. 이런 사람은 맥락과 맞지 않는 발언을 하거나 행동을 함으로써 다른 사람에게 빈축을 사는 경우가 많다. 그렇다고 해마가 지나치게 과잉 활동하는 것도 좋지 않다. 이런 사람은 주위 눈치를 지나치게 보는 경향이 있기 때문이다. 자신이 혹시나 잘못된 행동을 하지나 않을까 두려워함으로써 정서적으로 마비 상태가 될 수도 있다.

또한 해마는 뇌의 모든 기능을 진두지휘하는 전전두엽과 '고속도로'처럼 연결되어 있는데 이 강도가 맥락 파악의 차이를 가져올 수 있다. 두 부위 사이의 연결이 강한 사람은 맥락 파악에 민감하지만 강도가 약한 사람은 맥락에 둔감하다.

외상 후 스트레스 장애인 PTSD는 충격적인 상황이 아님에도 맥락을 잘못 이해해 공포 반응을 일으키는 것이라고 한다. 예를 들어, 월남전에 참가했던 끔찍한 기억이 있는 사람이 뻥튀기 기계가 내는 소리를 듣고 폭발물이 터진 것으로 오해해 극도의 불안과 공포를 느끼는 것은 맥락 파악이 잘못되었기 때문이다. 이런 사람의 뇌를 들여다보면 해마 용량이 정상인보다 축소된 경향을 보인다. 결국 해마가 정상적으로 기능하지 못하는 셈인데 충격을 받았던 일이 발생한 맥락에 대한 기억 형성에 어려움을 겪는 것이라 할 수 있다.

결국 눈치는 자신이 처한 상황에 대한 맥락을 파악하는 힘이며 뇌부위 중 해마와 밀접한 관련이 있다. 그런데 해마는 학습과 기억에 관여하므로 눈치가 부족한 사람은 대체적으로 학습 능력이 뛰어나지 않을 가능성이 높다.

# 번지점프대에서
# 뛰어내리지 못하는 이유

번지점프를 한 경험이 있는가? 나는 다행히 지금까지 살면서 번지점프를 할 일은 없었다. 예전 예능 프로그램을 보면 연예인들이 번지점프를 하곤 했다. 어떤 연예인은 점프대 앞에 가기도 전에 비명을 지르며 죽는다고 호들갑을 떠는가 하면, 다른 연예인은 한 치 망설임도 없이 뛰어내린다. 도시 전망을 바라볼 수 있는 스카이 전망대에 올라도 마찬가지다. 창밖을 내다보는 것만으로 현기증을 느끼는 사람도 있지만 투명한 바닥을 아무렇지 않게 지나다니는 사람도 있다.

사람이 감정을 표현하는 데는 두 가지 채널이 있다. 하나는 조절 가능한 감정이고, 다른 하나는 조절 불가능한 감정이다. 조절 가능한 감정은 대뇌피질을 거친다. 외부에서 수집한 감정 정보는 대뇌피질을 거치고, 대뇌피질이 감정을 담당하는 뇌 영역에 입수한 정보를 논리적으로 설득함으로써 감정을 조절한다.

예를 들어 남산타워 전망대에 올랐다고 할 때, '이 유리는 웬만한 충격에도 깨지지 않고 건물이 무너질 염려는 없으니 여기 있어도 안전해'라고 설득하는 것이다. 대뇌피질의 설득을 받은 감정 영역은 설레발치지 않고 조용히 침묵을 지킨다. 번지점프대에서 망설임 없이 혹은 살짝 망설이지만 용감하게 뛰어내리는 사람은 대뇌피질을 거쳐 감정을 드러내는 사람이다. 자신에 대한 절제가 뛰어나다고 할 수 있다.

조절이 불가능한 감정은 관련된 정보가 대뇌피질을 거치지 않고 바로 감각기관으로 입력되는 것이다. 남산타워 전망대에 서서 까마득한 발아래를 본 시각 정보가 대뇌피질을 거치지 않고 바로 감각기관으로 입력되면 오금이 저리고 다리가 후들후들 떨려온다. 대뇌피질이 괜찮으니 진정하라는 '필터링'을 해주지 못하기 때문이다. 뱀을 무서워하는 사람이 뱀을 보면 비명도 못 지른 채 얼어붙는 듯한 공포를 느끼는 것도 이러한 이유다. 번지점프대에서 밑을 내려다보지도 못한 채 비명을 지르고 호들갑을 떠는 사람은 대뇌피질을 거치기도 전에 감정 정보가 편도체를 강타한 것이다. 만약 어릴 때 높은 곳에서 떨어졌거나 그럴 뻔한 경험이 있다면 공포는 더욱 심해진다.

그렇다고 대뇌피질이 항상 위험 상황에서 침착하게 행동하도록 달래는 역할만 하지 않는다. 때로는 위험한 상황이라고 판단되면 본능적 경고를 보내기도 한다. 대부분 감정은 반응을 분출하기 전에 대뇌피질의 결재를 받는다. '저 녀석이 내가 숨겨둔 과자를 먹었는데 화를 낼까, 말까?' 혹은 '저 사람에게 고백할까, 말까?' 하고 묻는 것이다. 만일 이 과정이 없다면 인간은 감정 변화에 따라 제어할 수 없는 반응을 나타내는 짐승과 같다.

대뇌피질이 결정을 내리면 몸의 호르몬과 자율신경계는 그에 따라 행동한다. 교감신경은 온몸을 긴장 상태로 만들어 무슨 일이든 빠르게 대응할 수 있게 해주고, 부교감신경은 반대로 긴장되었던 상태를 이완 상태로 만들어준다. 교감신경이 발동하면 술 먹고 새벽 두 시에 귀가하면서 살금살금 걸어가 문을 열고 방으로 진입하는 집중력을 발휘한다. 부교감신경이 발동하면 어두운 골목길에서 집으로 돌아와 안도의 한숨을 내쉬고 편히 쉴 수 있을 것이다.

이제 겁이 많은 사람을 보거든, 겁쟁이라고 놀릴 것이 아니라 감정 정보가 대뇌피질을 거치기도 전에 빠르게 편도체가 활성화되기 때문이라는 것을 이해해 주자.

# 청소년은 왜
# 무모한 짓을 할까?

사춘기 아이들이 있는 가정이라면 집안 분위기가 썰렁한 날이 많을 것이다. 마치 살얼음판을 걷듯 괜히 사춘기 아이의 감정을 건드리지 않으려고 한다. 늘 짜증 나고 불만이 쌓인 듯한 표정, 어디로 튈지 모르는 엉뚱한 행동, 질풍노도 같은 감정 표현 등 사춘기 아이가 있는 집은 늘 시한폭탄을 안은 것처럼 조심스럽기만 하다.

사춘기는 성장 과정에서 가장 많은 특징이 나타나는 시기이기도 하다. 육체적, 정서적으로 가장 큰 변화가 일어나는 시기가 바로 이때 인데, 그중 하나가 또래에게 인정받고 싶어 하는 욕구다. 사춘기에 있는 청소년에게는 또래 집단에서 일원으로 인정받는 것이 큰 보상이 된다. 연구자들에 따르면 음식이나 물, 집 등 인간 생존에 기본적으로 필요한 것을 얻도록 도와주는 신경조직과 동일한 것이 다른 사람들과 생각을 같이할 때 활성화된다. 그래서 가끔은 친구들에게서 인정을 받으려고 무모한 만용을 부리기도 한다.

템플대학교의 로런스 스타인버그(Laurence Steinberg)는 자동차를 운전해 가상 도시를 가능한 한 빨리 가로지르는 비디오 게임을 개발한 후 사춘기 청소년들과 성인들을 대상으로 게임을 하게 했다. 게임을 하는 동안 몇 차례 신호등을 만나는데, 그중에는 자동차가 접근하면 노란불로 바뀌는 것도 있었다. 노란불이 들어온 신호등 앞에서 피험자들은 신호를 무시하고 빨리 지나감으로써 더 높은 점수를 얻을지, 아니면 신호가 바뀌기를 기다릴지 재빠르게 결정을 내려야 했다. 아무도 보지 않고 혼자 게임할 때는 노란불 앞에서 멈추지 않고 그냥 지나가는 청소년의 비율이 성인과 비슷했다.

이번에는 실험을 조금 변형해 친구가 옆에서 게임하는 모습을 지켜보게 했다. 그러자 노란불 앞에서 멈춰 서지 않고 지나치는 빈도가 혼자 게임할 때보다 두 배로 늘었다. 옆에서 지켜보는 친구를 의식하고, 용감한 자신의 모습을 보여주고 그것을 인정받으려고 무리하게 운전한 것이다.

사춘기 청소년이 인정을 받는다는 것은 다른 아이들과 똑같이 사고하고 행동한다는 뜻이며 집단의 일원이 되었다는 것을 의미한다. 같은 집단에 소속되었다는 느낌을 받는 것인데, 매슬로가 말한 욕구 계층설에 따르면 사회적 욕구를 충족시키는 것이다. 친구들이 모두 같은 브랜드의 옷을 입는데 혼자 다른 브랜드 옷을 입거나 모두 롱패

딩을 입는데 혼자만 입지 않으면 집단에 소속된 느낌을 받을 수 없다. 그러니 기를 쓰고 똑같은 브랜드의 옷과 스타일을 입으려고 한다. 친구들에게 인정을 받고 소속감을 느끼기 위해서 말이다.

생각도 또래의 생각에 맞추어 변화된다. 다른 사람들의 평가나 의견이 자신과는 다를 때, 뇌는 이것을 더 효율적이고 훌륭한 결과를 얻으려면 수정이 필요하다는 신호로 여긴다. 하버드대학교 심리학자들은 또래 집단의 영향력이 한 사람의 가치 기준을 바꿀 수 있는지 알아보려고 실험을 진행했다. 사회심리학과 신경과학의 방법론을 함께 활용한 실험이었다.

연구진은 14명의 남학생에게 180명의 여성 사진을 컴퓨터로 보여준 후 평점을 매기도록 했다. 피험자들이 평점을 다 매기고 나면, 수백 명의 다른 또래 학생이 매긴 평점 결과를 보여주었다. 남학생들은 먼저 평점을 매긴 또래가 있다는 사실 자체를 모르고 있었다. 먼저 평가를 마친 학생들이 매긴 평점 중에는 자신보다 높거나 낮은 점수가 있었다. 연구진은 또래 학생들의 점수를 확인한 후 피험자들에게 다시 한번 얼굴을 보며 평점을 매기도록 하면서 이때의 뇌가 활성화되는 모습을 MRI 장비로 촬영했다.

컴퓨터 화면에 사진이 나타나자 피험자들의 보상과 관련된 뇌 영역이 뚜렷한 반응을 보였다. 또래 집단의 피드백이 얼굴 평가 기준을 바꿔놓은 것이다. 자신들보다 먼저 실험에 참가한 학생들이 어떤 얼굴 사진에 더 높은 평점을 매겼다는 말을 미리 들으면, 보상과 관련된 신경 활동이 더 활발해지고 남학생들이 매기는 평점도 더 높아졌다.

반대로 또래 집단이 한 얼굴 사진에 낮은 평점을 매겼다는 말을 미리 들으면, 보상과 관련된 신경 활동은 줄어들고 평점도 낮아졌다.

결국 실험 결과는 사춘기 아이의 사고와 행동이 또래 집단의 영향을 받아 동화되려고 하며, 아이는 소속감을 느끼고 싶어 한다는 것을 나타낸다. 어쩌면 이 욕구는 부모의 인정 이상으로 강렬할 수 있다는 사실을 잊으면 안 된다.

# 세 살 버릇은
# 정말 여든까지 갈까?

속담에 '세 살 버릇 여든까지 간다'는 말이 있다. 한번 들인 습관을 고치기가 정말 어려우니 처음부터 좋은 습관을 들여야 한다는 차원에서 만들어진 말인 듯하다. 그런데 왜 하필이면 세 살일까? '태어날 때'도 아니고 '한두 살'이나 '다섯 살'도 아닌, 콕 집어서 세 살인 이유가 있을까? 여기에는 놀라운 과학적 근거가 숨어 있는데 뇌과학에 무지한 조상들이 이렇게 구체적인 숫자를 언급했다는 것은 정말 혀를 내두를 일이다.

아기들이 세상에 태어날 때 뇌의 신경회로 수는 어른의 뇌와 같다. 그러나 세 살 정도 되면 신경회로가 두 배 내지 세 배까지 늘어난다. 뇌는 필요한 것을 충분히 만들어놓은 다음 불필요한 것을 제거하는 것이 특징인데, 신경회로도 그중 하나다. 그렇게 필요 이상으로 많이 만들어진 신경회로들은 이후 가지치기가 이뤄진다. 8세쯤 되면 뇌 속의 신경회로 연결이 어른과 비슷해진다.

여기에서 가지치기의 기준이 중요하다. 뇌는 어떤 기준으로 잘라 버려야 할 신경가지를 선택하는 걸까? 기준은 바로 신경회로를 사용하는 빈도다. 특정한 신경회로를 자주 사용한다면 그건 분명 아이에게 쓸모 있는 신경회로일 것이다. 반면에 단 한 번도 사용한 적이 없는 신경회로라면 잘라내도 상관없을 것이다. 이렇게 빈도 기준으로 뇌는 잘라낼 가지와 남겨둘 가지를 고른다.

예를 들어 아이가 그림 그리는 것을 좋아하면 그리는 것과 관련된 신경회로들을 남겨두고, 책 읽기를 좋아한다면 책 읽는 데 도움 되는 신경회로들을 그대로 둔다. 말하는 것을 좋아하면 언어중추의 신경회로들이 살아남을 가능성이 높다. 반면에 아이가 손으로 하는 놀이를 별로 좋아하지 않는다면 감촉과 관련된 신경회로들은 가지치기를 당한다. 물론 완전히 없어지는 것은 아니다. 이런 식으로 자주 사용하면 신경회로들은 살아남고 그렇지 않으면 가지치기를 당한다.

자주 사용한다는 것은 습관, 즉 버릇이 되었다는 의미다. 습관일수록 자주 행동으로 옮길 가능성이 크기 때문이다. 따라서 세 살 정도에 형성된 습관에 따라 뇌에서는 어떤 신경회로를 형성할지 판단한다. 만일 아이가 책 대신 스마트폰을 가지고 놀기 좋아한다면 아이는 커서도 책 읽기를 좋아하지 않거나 책을 읽는 데 어려움을 겪을 수 있다. 즉 난독증에 빠질 위험이 있다. 책을 읽고 이해하는 데 필요한 신경회로들이 가지치기를 당했기 때문인데 이렇게 한번 형성된 습관은 고치기가 어렵다. 잘못된 습관을 고치려고 시도해 본 사람은 습관을 바꾸기가 얼마나 어려운지 잘 알 것이다. 결국 세 살 때 형성된 신경회로는 평생 이어지는 셈이니, 세 살 버릇이 여든까지 간다는 말이 맞다.

게다가 2개월에서 30개월 사이에는 정서 통제가 발달한다. 이 시기부터 감정을 통제하는 방법을 습득하는 것이다. 이 시기를 정서 통제 창이 열려 있는 시기라고 하는데, 무언가를 가지고 싶거나 먹고 싶을 때 떼를 써서 만족을 얻으면 창이 닫힌 후에도 이 방법을 사용할 가능성이 높다. 성인이 되어서도 마음대로 안 되면 토라지거나 떼를 쓰는 사람은 어린 시절 정서 통제 창이 열렸을 때 그런 식으로 원하는 것을 얻은 경험이 많은 사람일 것이다. 그러므로 이 시기에는 해야 할 행동과 하지 말아야 할 행동을 단호하게 가르쳐야 한다.

미운 다섯 살이라는 말이 있지 않은가. 요즘에는 아이들 성장이 빨라짐에 따라 그 나이도 앞당겨져 미운 세 살이 된 듯하다. 이건 또 왜 그럴까? 생후 18개월이 되면 아이는 다른 사람이 자신과 다른 욕망이 있고 자기가 좋아하는 것이 아닌, 다른 것을 더 좋아할 수 있다는 사실을 배운다.

그 전까지만 해도 아이는 자신과 다른 사람을 동일시한다. 자기가 좋아하는 것은 다른 사람도 좋아하고, 자기가 싫어하는 것은 싫어한다고 생각한다. 내가 가지고 싶은 것, 다른 사람이 가진 것도 다 내 것이다. 또한 누군가에게 준 것도 마음이 바뀌면 다시 가져올 수 있다고 생각한다. 다시 말해 내 것은 어떤 일이 있어도 내 것이라는 생각이 머릿속을 지배한다. 그러다가 18개월쯤 되면 이러한 생각에 변화가 온다.

만 두 살, 한국으로 치면 세 살이 되기 전에 아기들은 부모가 하지 못하게 하는 일을 수도 없이 저지른다. 밀가루를 온몸에 바르거나, 화장실 변기에 손을 넣거나, 짜장면 그릇에 남은 양념으로 바닥에 피카소 뺨치는 그림을 그리는 등 자신이 하고 싶은 행동을 한다. 그러나 만 두 살이 지나면 부모가 하지 말라고 하기 때문에 하는 행동들이 생겨난다. 반항이 시작되는 것이다.

이전까지만 해도 모든 것이 내 것이고, 내 세상이고, 하고 싶은 대로 해도 되었는데 어느 날부터 그렇게 하면 '안 된다'는 것을 알았으니 배신감이 든다. 그래서 아기들은 일부러 반항적인 행동으로 자신에 대한 관심을 유지하고 싶어 한다.

# 어린아이의 스마트폰 사용은
# 정말 괜찮을까?

아들과 술 한잔하려고 동네 횟집을 찾았다. 젊은 부부가 하는 가게인데 두 사람 사이에는 한 살 정도 되어 보이는 아기가 있다. 안타깝게도 집에서 아기를 봐줄 사람이 없는지 가게에 데리고 나오는데, 아직 제대로 걷지도 못하는지라 부모가 바쁘게 일하는 동안 주로 보행기를 타거나 의자에 앉아 잠을 잔다.

그런데 음식 값이 싼 데다가 질도 좋은 덕에 가게 안은 늘 손님으로 북적거린다. 당연히 부모도 늘 정신이 없다. 그러다 보니 아이가 깨어 있는 시간에는 늘 혼자서 스마트폰을 만지작거리곤 한다. 주로 〈뽀로로〉와 같은 어린이 프로그램을 보고 있다.

요즘, 갓난아이 때부터 스마트폰을 접하는 아이가 많아지고 있다.

보채거나 울 때, 혹은 무언가를 바쁘게 해야 할 때 아이를 달래려고 스마트폰을 쥐어주는 부모가 많기 때문이다. 굳이 의식하지 않아도 주위에서 너무나 쉽게 스마트폰을 끼고 있는 아이를 발견할 수 있다. 그런데 스마트폰이 어린아이들에게 주의력결핍 과잉행동장애, 즉 ADHD를 일으킬 가능성이 있다고 한다.

보통 아이들은 8세 전후가 되면 대뇌피질의 절반 정도가 완성된다. 완성이라는 것은 자주 쓰는 신경회로는 강화되고 자주 쓰지 않는 신경회로는 가지를 쳐서 없애버리며 뇌 기능을 다듬어나간다는 것을 말한다. 문제는 스마트폰이 자극적이고 반복적이라는 것이다. 스마트폰은 뇌의 일부 기능만 쓰도록 한다. 즉 어릴 때는 뇌의 모든 부위가 발달하도록 고른 자극을 받아야 하는데 스마트폰은 전체 부위 중 지극히 일부에만 자극이 가도록 한다.

뇌 발달은 우뇌가 좌뇌보다 먼저 시작되는데 유아기에 스마트폰과 같이 반복적이고 자극적인 환경에 노출되면 좌뇌 발달에 손상을 입을 수 있다고 한다. 특히 좌뇌에는 언어중추가 있는데 3~5세 사이에 집중적인 발달이 일어난다. 언어중추 형성의 '결정적 시기'인 셈이다. 그런데 이 무렵에 스마트폰으로 적절한 자극을 받지 못하면 언어발달이 늦어질 수 있고 나이 들어서도 책을 읽기 힘들어하거나 심한 경우 난독증으로 이어진다.

뇌가 고르게 발달하려면 육체적 감각과 언어중추 등 모든 기능이 고르게 발달해야 하고, 이것이 최종적으로 전전두엽의 발달로 마무리되어야 한다. 하지만 스마트폰에 익숙해지면 늘 사용하던 부위만 강화되고 사용하지 않는 부위는 쓸모없는 부분이라 여겨 관련된 기능을 발달시키는 데 소홀해진다. 결국 균형 잡힌 두뇌 발달이 이뤄지기 어렵고 전전두엽의 발달에까지 영향을 미칠 수 있다.

전전두엽은 모든 뇌 기능을 진두지휘하는 곳이다. 이곳은 주의의 폭과 지속력, 작업기억, 운동제어, 감정제어 등에 중요한 역할을 한다. 이렇게 중요한 역할을 하는 전전두엽의 발달이 늦어지면 일시적으로 혹은 꽤 늦게까지 ADHD와 같은 질환으로 고생할 수 있다.

2007년 미국 국립정신건강연구소(NIMH)의 필립 쇼(Philip Shaw) 박사가 수행한 연구에 따르면, ADHD 아동은 뇌의 성숙이 평균보다 3년 정도 지연된다. 보통 7세 전후가 되면 대뇌피질의 절반이 성숙되지만, ADHD에 걸린 아이는 10세 전후가 되어야 보통 수준으로 성숙된다. 또한 우측 전전두엽의 절반이 최고 표면적에 도달하는 연령은 12세 전후였지만, ADHD가 있는 아이의 경우에는 14세 전후로 2년 정도가 지연된다고 한다. 2012년 연구에서도 ADHD가 뇌 피질 가장 바깥층의 전반적인 성숙을 지연시키고 뇌의 주요 기능인 좌우 반구 간의 연결 기능을 저하시킨다고 밝힌다.

물론 최악을 상정하고 한 이야기므로 모든 아이가 그렇게 된다는 것은 아니다. 하지만 부모라면 한 번쯤은 새겨들을 만하다. 어린아이에게 스마트폰을 쥐여주는 부모의 심정을 이해하지 못하는 것도 아니다. 하지만 스마트폰은 어른도 자제하기 힘들 정도로 중독 증상을 일으킨다. 하물며 아이들의 경우에야 말해서 무엇하겠는가. 비록 바쁘고 때로는 힘들고 귀찮더라도 그 순간에 아이에게 스마트폰을 줌으로써 상황에서 벗어나려는 유혹에 흔들려서는 안 될 일이다. 아이 미래를 생각한다면 말이다.

# 왜 다리를
# 떠는 걸까?

종종 주변을 둘러보면 앉은 자리에서 가만히 있지 못하고 다리를 덜덜 떠는 사람을 볼 수 있다. 어른들은 이런 사람을 보면 '복 달아난다'고 핀잔하곤 한다. 보기 싫으니 그만하라는 말을 우회적으로 표현한 것이다. 사실 누군가가 다리를 심하게 떨면 당사자는 모르겠지만 보는 사람은 불편함을 느낄 때가 많다. 복 달아난다는 건 근거 없는 이야기니 무시해도 상관없겠지만 편하게 느껴지지 않는 것만은 사실이다.

평소에 다리를 떨지 않다가도 어느 날 갑자기 떠는 사람이 있는가 하면 노상 방정맞게 다리를 흔들어대는 사람도 있다. 어디 다리뿐인가. 손으로 정신없이 볼펜을 돌리기도 한다. 다리를 잠시도 그냥 두지 못하고 덜덜 떠는 것이나 손으로 무언가를 쉬지 않고 만지작거리는 것은 행태는 달라도 같은 행위라고 할 수 있다. 도대체 왜 그런 걸까? 다리를 떠는 사람에게 왜 떠느냐고 물어보면 자신도 모르게 습관적으로 떤다고 답하는 사람이 많다. 이유를 잘 모르는 셈이다.

뇌 속에는 기저핵이라는 부위가 있다. 이 부위는 뇌에서 아주 중요한 역할을 담당하는데 생각과 느낌을 육체적인 행동에 연결하는 것이다. 운전을 처음 배울 때를 떠올려보자.

처음에는 운전 자체가 익숙하지 않고 서투르기 때문에 잔뜩 긴장하고 신경을 곤두세우기 마련이다. 운전대를 잡고 앞을 주시하고, 깜빡이를 조작하고, 액셀과 브레이크를 번갈아 밟고, 사이드미러와 룸미러를 통해 차량 움직임을 관찰하는 등의 많은 일을 수행해야 하는데 이것이 상당히 어렵고 서투르다. 혹시라도 옆에서 말이라도 걸면 대화가 제대로 이뤄지지 않는다. 온 정신이 운전에만 집중되기 때문이다. 내비게이션도 볼 수 없어 빠져나가야 할 길을 그냥 지나치기도 한다. 하지만 시간이 지나고 운전이 익숙해지면 굳이 신경을 쓰지 않아도 모든 행동이 자연스럽게 이뤄진다.

이렇게 운동에 순응하도록 만들어주는 부위가 뇌 안쪽 깊숙한 곳에 자리한 기저핵과, 뒤통수 부분에 움푹 들어간 자리에 있는 소뇌다. 눈과 귀, 피부 등을 통해 신체 외부로부터 감각 정보가 입력되고 정보들이 대뇌피질로 전달되면, 다시 감각 정보에 반응하라는 운동 명령이 대뇌피질에서 기저핵으로 전달된다. 기저핵은 대뇌피질의 명령을 받아 소뇌와 협조하며 근육을 자연스럽고 조화롭게 움직이도록 해준다. 글씨를 쓸 때 마음먹은 대로 써지지 않고 삐뚤삐뚤 써진다면 기저핵이 방해하는 것이다. 이 이야기는 뒤에서 자세히 다뤄보기로 하자.

뇌는 지문만큼이나 다양하고 그 완성의 수준이 천차만별이다. 그러다 보니 사람에 따라서는 기저핵 반응이 다른 사람보다 유난히 예민한 사람이 있다. 이런 사람은 긴장과 불안을 자주 느끼고 특별한 이유가 없음에도 주변을 살피는 등 행동을 보일 때가 많다.

기저핵에 지나치게 많은 에너지가 공급되어 과부하 상태가 유지되는 것이다. 기저핵에 에너지가 공급되면 활동을 통해 그 에너지를 발산해야 한다. 그런데 회의나 세미나와 같은 자리에 앉아 있다면 마음대로 몸을 움직일 수 없으니 자연스럽게 앉은 자리에서 볼펜을 정신없이 돌려대거나 다리를 떤다. 이를 통해 기저핵에 과다하게 공급된 에너지를 외부로 발산하는 것이다. 주로 행동가로 불리는 사람에게 이러한 경향이 많이 나타나는데 그런 사람은 기저핵 활동이 일반 사람보다 더 활발하고 한 자리에 가만히 앉아 있으면 불안을 느낀다.

충동을 자제하지 못하고 지나치게 불안해하거나 불규칙한 동작을 하는 틱 장애, 자주 특이한 모양으로 눈을 깜빡이는 증상, 머리를 흔들어대는 것처럼 이상을 보이는 투렛 증후군도 기저핵이 지나친 에너지 공급으로 불규칙적으로 발화되어 나타나는 병 중 하나다. 투렛 증후군이란 혼잣말을 중얼거리며 특정 행동을 반복하는 것으로 행동 틱과 음성 틱이 동시에 나타나는 증상이다. 결국 틱 장애와 투렛 증후군 모두 개인 의지와는 상관없이 뇌가 그렇게 만드는 것뿐이다.

어떤 부모는 아이가 다리를 떨면 야단을 치거나 때리며 가만히 있으라고 윽박지르곤 하지만 그렇게 해서 해결되는 문제가 아니다. 뇌가 시키는 일을 어린아이의 의지로 어떻게 감당한다는 말인가. 가장 좋은 방법은 기저핵의 에너지를 소모시키는 것이다. 밖에 나가 마음 껏 뛰어놀게 해야 한다.

기저핵과 관련한 재미난 현상이 있다. 한 후배는 글씨를 쓸 때, 어떤 지인은 가위질할 때 자신도 모르게 입을 오므렸다 폈다 한다. 당구를 칠 때마다 입을 실룩거리는 친구가 있는데, 큐를 들고 당구공을 신중히 겨냥할 때면 입술이 알 수 없는 형태로 움직이곤 한다. 공이 멈출 때까지 입도 따라서 다양한 형태로 움직인다. 보다 못한 친구들이 한마디 던지곤 한다. "입 좀 다물고 쳐라."

우리는 간혹 무언가를 가위로 자르거나 바느질할 때 등 손을 움직일 때, 자신도 모르게 입을 실룩거린다. 사람에 따라 이런 현상이 나타나기도 그렇지 않기도 하지만 상당히 많은 사람이 손을 움직일 때 입을 따라 움직이는 경향이 있다. 도대체 왜 이런 현상이 나타날까? 가위질하는 건 손인데 왜 입이 따라 움직이는 걸까?

그 이유는 바로 기저핵에 있다. 기저핵은 하나의 부위가 아니라 여러 부위를 합친 이름이다. 선조체와 꼬리핵, 조가비핵, 담창구 등으로 이뤄져 있다. 그런데 기저핵을 이루는 조가비핵 중 손가락을 움직이는 영역과 입술을 움직이는 영역이 중복되어 있다. 이렇게 서로 영역이 중복되다 보니 뇌에서는 가끔 착각이 일어난다. 손가락을 움직이라는 지시를 내리지만 자칫 잘못해서 입술을 덩달아 움직이게 하는 것이다. 결국 사소한 일조차 뇌가 시켜서 하니 인간 행동에 뇌가 관여하지 않는 일이란 없는 모양이다.

# 공부할 때나 일할 때
# 음악을 듣는 게 효과적일까?

돌이켜보면, 어릴 때는 공부하면서 늘 라디오를 듣곤 했다. 〈두시의 데이트〉와 〈별이 빛나는 밤에〉 같은 프로그램은 듣지 않으면 또래와 대화가 안 될 정도로 인기가 많았다. 평소에는 물론 시험공부를 하는 동안에도 라디오는 늘 옆에서 말동무가 되어주곤 했다. 음악만 듣는 용도라기보다는 삶의 한 축을 지탱해 주는 정신적 친구 같은 존재였다. 요즘처럼 문자를 보내 실시간으로 청취자 의견을 받는 게 아니라, 엽서를 보내면 라디오 디제이가 읽어주는 쌍방향 커뮤니케이션이 이뤄지곤 했다. 그런데 라디오를 듣던 시절에 과연 공부가 잘되었을까? 디제이의 말 한마디도 놓치기 싫어 집중해 듣곤 했는데 말이다.

신경과학자들에 따르면 최적의 백색소음은 정보 처리를 용이하게 해주며 지각 능력뿐만 아니라 기억과 같은 인지 기능에도 긍정적인 영향을 미친다. 이는 도파민 분비가 늘어나기 때문인데, 도파민은 쾌감을 느끼게 해주는 신경전달물질이지만 주의나 학습에 관여하는 물질이기도 하다. 도파민이 부족하면 주의 집중에 어려움을 겪고 학습 능력이 저하된다.

그렇다면 공부하거나 일하는 동안 음악을 듣는 것이 백색소음처럼 인지 능력과 집중력 등 성과에 영향을 미칠까? 멀티태스킹이 일의 효율과 정확도, 질을 낮춘다는 것은 이미 익히 알려졌다. 그러므로 음악이 학습과 업무의 효율에 미치는 영향이 궁금한 것도 사실이다. 이 분야에 대한 연구는 아직도 진행 중이므로 확언할 수는 없지만 지금까지의 연구 결과에 의하면 음악의 성격에 따라 다른 효과를 낸다.

첫 번째로, 조립과 품질관리처럼 반복적인 업무는 시간이 지날수록 집중력이 떨어지게 마련이다. 경쾌한 음악은 이러한 작업을 할 때 효율성과 정확성을 높인다. 그리고 음악을 지속적으로 듣기보다는 집중력이 흐트러질 때 사용하는 것이 더욱 효과적이다. 즉, 음악은 업무를 덜 지루하게 만들며 주의와 경각심을 높인다. 주로 가사 없는 음악이 효과적이다. 공부할 때도 내용을 베껴 쓰거나 단순 계산을 할 때 적합하다.

두 번째로, 인지 과제와 창의력을 요하는 과제를 수행하기 전에 음악을 듣는 것은 성과에 높은 영향을 미친다. 캐나다 대학생들은 알비노니의 단조 음악보다 모차르트의 경쾌한 음악을 들은 후 아이큐 테스트에서 더욱 높은 점수를 얻었다. 일본의 어린아이들도 낯선 클래식 음악을 들었을 때보다 익숙한 동요를 들은 후 더욱 창의적인 그림을 오랫동안 그렸다. 그리고 중간중간 쉬는 시간에 이러한 음악을 듣는 것이 도움 된다.

세 번째로, 반복적이며 많은 정보를 담지 않은 느린 음악은 인지 과제의 성과를 향상할 수 있다. 고등학교 학생들이 책을 읽는 동안 리듬 변화가 심한 곡, 역동적인 곡, 고도의 반복적인 신시사이저 음악을 들려주며 효과를 비교했다. 그 결과, 읽기 능력에서 신시사이저 음악을 들은 학생들이 현격하게 높은 점수를 얻었다. 또 다른 실험에서는 명상 음악이 흐를 때 읽기 능력 점수가 아무런 음악이 흐르지 않을 때 점수보다 높다는 결과를 얻었다. 정보 처리에 영향을 받지 않는 선에서 음악은 스트레스를 해소하고 긴장을 이완시키는 효과가 있는 것으로 나타났다.

마지막으로 대중음악은 복잡한 업무 수행과 학습을 방해한다. 특히 가사가 있는 음악은 전형적인 멀티태스킹 상황을 유발하며 정보 처리를 방해한다. 암기해야 하거나 복잡한 문제를 풀 경우 가사가 있는 음악은 자칫 주의를 분산해 학습 효율을 떨어뜨릴 수 있다.

가장 좋은 것은 공부할 때는 음악을 듣지 않고 휴식 시간에 클래식이나 경쾌한 음악을 듣는 것이다. 그리고 낯선 음악보다는 자주 듣던 음악을 듣는 것이 더 도움 된다. 낯선 음악에 가사가 있으면 학습과 업무 도중 가사를 듣느라 정신이 흐트러지고 주의가 분산되기 때문이다.

# 싸움과 공격은
# 인간의 본능일까?

주위를 둘러보면 '싸움닭' 같은 성향을 가진 사람이 있다. 매사를 늘 삐딱하게 바라보고 괜히 옆 사람에게 시비를 걸며 싸움을 즐긴다. 공격적 성향이 있는 사람이 주위에 한둘은 꼭 있게 마련이다. 도대체 왜 그렇게 행동할까? 유전적, 환경적 요인일 수도 있지만 알고 보면 이 것도 뇌와 관련되어 있다.

우선 뇌에 자극이 부족하면 괜히 주변 사람에게 시비를 걸 수 있다. 뇌는 자극이 없는 환경을 무척 지루하게 여긴다. 심지어 자극이 전혀 없는 환경에 놓이면 환각과 환청 등을 만들어낸다. 그런데 전두엽이 다른 사람보다 저활성화가 된 사람은 특히나 자극이 필요하다. 그래서 괜히 시비를 걸거나 싸움을 함으로써 뇌에 필요한 자극을 얻으려고 한다. 이것이 첫 번째 이유다.

또 측두엽 부위가 잘못된 사람은 공격적 성향을 나타낼 수 있다. 좌반구와 우반구 중 하나는 다른 하나에 비해 우세 영역이다. 주로 좌측 측두엽이 우세 반구인 경우가 많은데 이곳에 손상을 입거나 이상이 생기면 사소한 일에도 '저 인간을 죽여버려?'라고 생각하는 등 빈번하게 강렬한 폭력적 사고에 시달린다.

자신의 내부나 외부로 향하는 공격성도 증가하는데, 만일 공격성이 내부로 향하면 자살을 시도할 수 있다. 실제로 자살한 사람 중 62퍼센트가 좌측 측두엽이 비정상적 활동을 보인 사람이라고 한다. 이런 사람은 무시와 멸시에 민감하고 가벼운 편집증적 증상을 보인다. 사람들이 모여서 웃고 떠들다가 자신이 들어가자마자 이야기를 멈췄다고 해보자. 마침 화젯거리가 떨어져서 대화가 이어지지 않았을 뿐인데 자신의 흉을 봤다고 생각하고 분을 참지 못한다. 당연히 심각한 대인관계 파탄을 야기한다. 이것이 두 번째 이유다.

이렇듯 뇌 기능에 영향이 생기면 공격적인 모습이 나타날 수 있는데 호르몬도 관련되어 있다. 흔히 남성 호르몬으로 알려진 테스토스테론과 안드로겐이 많은 사람은 그렇지 않은 사람보다 쉽게 공격적 성향을 드러낸다. 어린 동물에게 테스토스테론을 주사하면 더욱 공격성이 강해진다고 한다. 반면에 테스토스테론이 분비되는 기관이 제거된 수컷은 공격적 성향이 줄어든다. 하이에나는 암컷끼리 무리를 지어 사는데 우두머리 암컷에게서는 다른 암컷보다 훨씬 많은 안드로겐이 분비된다. 하지만 이러한 호르몬은 공격적 성향을 조금 더

강하게 만들어줄 뿐이지, 공격의 원인 자체는 아니다. 이런 호르몬이 많은 사람일수록 조그만 자극에도 참지 못하고 공격할 가능성이 높을 뿐이다. 이것이 세 번째 이유다.

그렇다면 싸움과 공격은 나쁘기만 할까? 싸우는 사람은 다 나쁠까? 진화심리학에 따르면 싸움과 공격은 중요한 인간 본능이기에 지금까지 그 본능이 남아 있다. 인간은 지금 문명시대를 살지만 아쉽게도 뇌는 10만 년 전 원시시대 상태 그대로에 머물러 있다고 한다. 그 시절, 험난한 세상에서 살아남기 위해서는 다른 동물을 공격하고 싸움에서 이기는 일은 필수였다. 싸우지 않고서는 자기 자신 그리고 가족을 지킬 수 없었으니 말이다.

그렇다면 공격성은 뇌의 어느 부위에서 발생할까? 한 과학자가 쥐의 뇌에 전선 같은 자극 장치를 연결해 특정 부위를 자극하자 쥐가 공격성을 드러냈다. 자극을 멈추면 얌전한 쥐로 돌아왔다가도 그 부위를 다시 자극하면 공격성을 나타냈다. 1920년에 스위스의 생리학자 발터 루돌프 헤스(Walter Rudolf Hess)가 고양이의 뇌 특정 부위를 자극했다. 자극이 약할 때는 털을 곤두세우며 구석으로 달아나던 고양이가 자극이 강해지자 사냥할 때처럼 적극적인 공격성을 나타냈다고 한다.

두 실험에서 공통적으로 자극한 부위는 시상하부다. 시상하부는 신경계와 내분비계를 연결해 다양한 신경호르몬을 분비하고 체온과 수면, 배고픔 등에 관여하는 부위다. 이 부위가 공격할지 말지를 결정한다. 그런데 동일한 공격성이라도 방어적 측면이 있고 공격적 측면

이 있을 수 있다. 시상하부의 중심부가 방어를 위한 공격성이라면, 가장자리는 먹잇감을 사냥하기 위한 공격성을 드러낸다.

방어를 위한 공격성이 나타나는 데는 편도체도 관여한다. 과학자들이 실험한 바에 따르면, 원숭이 무리에서 서열이 가장 높은 원숭이의 편도체를 제거하면 공격성을 드러내는 행동이 줄어들어 서열이 꼴찌로 내려갔다. 한편으로 어린 시절에 가족 관계가 불안정한 상황에서 성장기를 보낸 성인은 편도체가 큰 경향이 있다고 한다. 대체적으로 이런 사람이 공격적 성향을 많이 나타내는 것으로 봐서 편도체가 공격적인 성격과도 관련이 있다는 말이 맞는 듯하다.

# 가벼운 신체 접촉이
# 설득에 미치는 영향

코네티컷대학교의 제프리 피셔(Jeffrey D. Fisher) 교수와 동료들은 신체 접촉에 관한 한 가지 재미난 실험을 했다. 도서관의 여성 사서가 학생들에게 책을 건네줄 때 티 나지 않도록 가볍게 손을 스치도록 한 것이다.

대다수 학생은 책을 건네받는 중에 우연히 손이 스쳤다고 여겼기에 의식하지 못했다. 연구진은 책을 대출한 학생들에게 사서에 대한 인상을 평가해 달라고 했다. 그러자 사서와 접촉한 여학생들은 그렇지 않은 여학생보다 도서관 서비스를 훨씬 긍정적으로 평가했다. 한편 남학생들은 특별히 긍정적인 반응을 나타내지 않았으며 애매모호하게 반응했다. 손을 스쳤을 때 상대방에게 호감을 갖는 현상은 여성에 한해 나타난 반응이라고 할 수 있다.

실험 결과는 의식하지 않은 가벼운 신체 접촉이 호감을 느끼도록 해주는 요인이 될 수 있음을 나타낸다. 만일 백화점과 쇼핑몰에서 직원이 도움을 주는 척하면서 손을 스치면 고객은 직원에게서 긍정적인 인상을 받고, 따라서 구매로 이어질 가능성이 높다. 그러니 만일 직원이 괜히 친한 척하면서 가벼운 신체 접촉을 시도하거든 쓸데없이 지갑을 열지 않도록 조심해야 한다. 누군가를 설득하는 자리에서 우연을 가장해 살짝 손가락이 스치게 하는 것도 어느 정도는 효과가 있다.

하지만 이 실험에는 한 가지 함정이 있다. 실험이 미국에서 이뤄졌다는 것인데, 다시 말해 미국인들이 신체 접촉에 크게 거부감이 없는 문화를 가진 사람이라는 것이다. 그러므로 신체 접촉에 거부감을 느끼지 않을 때에 한해 효과를 나타낼 수 있다. 만일 신체 접촉을 극도로 꺼리거나 불쾌감을 느끼는 문화권에 있는 사람이라면 오히려 우연을 가장한 신체 접촉이 역효과를 일으킬 수도 있다.

실제로 이 이론을 강의실에서 써본 경험이 있다. 수강생이 모두 남성이기에 부담 없이 신체 접촉을 시도했다. 질문에 답하거나 과제를 내주고 진행 상황을 살펴보는 척하면서 티 나지 않게 어깨를 스치거나 팔을 스쳤다. 그랬음에도 여지없이 '부담스럽다'는 불만이 터져 나왔다. 이렇듯 신체 접촉에 따른 효과는 사람에 따라 반응이 다를 수 있음을 명심해야 한다.

이와는 조금 다른 이야기지만, 남성은 무언가를 구매할 때 여성 직원이 성적 매력을 어필하면 그것을 긍정적으로 받아들이는 경향이 있다고 한다. UC버클리 하스경영대학원의 로라 크레이(Laura J. Kray) 교수 팀의 실험 결과에 따르면, 남성이 흥정하는 동안 여성 직원이 가벼운 추파를 던지면 자신감이 있어 보인다고 평가했다. 즉, 상대방 행동을 성적 어필로 본 것이 아니라 판매원으로서 자신 있는 모습을 드러냈다고 해석했다.

반면에 어떠한 성적 매력도 드러내지 않고 진지한 태도로 흥정하는 여성 직원은 자신감이 떨어져 보인다고 평가했다. 같은 사람일지라도 여러 행동을 놓고 반응하는 방식이 모두 다르니 행동 하나하나가 조심스럽지 않으면 안 된다.

## CHAPTER 2

# 뇌가 곧
# 현상의 세계다

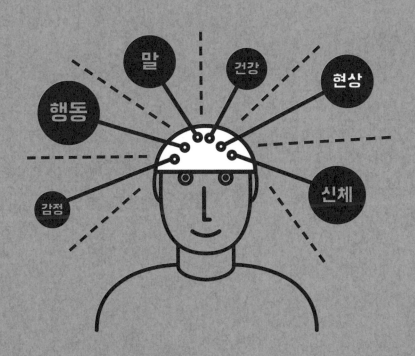

# 왼팔과 오른팔 중
# 어느 쪽이 더 좋을까?

어느 조직이나 수장 밑에는 그를 따르는 사람들이 있다. 그중에서도 특히 총애를 받는 사람을 일컬어 왼팔 혹은 오른팔이라고 비유한다. '보스의 왼팔 역할을 한다' 혹은 '보스의 오른팔 역할을 한다'는 식으로 말이다.

그런데 한번 따져보자. 왼팔이 좋을까, 오른팔이 좋을까? 좌의정이 좋은 걸까, 우의정이 좋은 걸까? 마치 "엄마가 좋으냐, 아빠가 좋으냐?"하는 질문처럼 어리석게 들릴지 모르지만 뇌는 왼쪽과 오른쪽을 동일하게 생각하지 않고 다르게 받아들인다. 일반적으로 뇌는 자주 사용하는 신체 부위는 긍정적인 감정과 자연스럽게 연결하지만 반대편 신체는 부정적인 감정과 연결하는 경우가 많다. 물론 의식적인 것은 아니고 무의식적이다.

왼손잡이도 많이 있지만 일반적으로 사람은 오른손을 많이 사용한다. 그래서 무의식적으로 오른쪽에 있는 것을 더 선호한다. 인도에서 왼손은 볼일을 본 후 뒤처리하는 등 천박한 일에 사용하는 손이다. 인도에서 왼손으로 밥을 먹을 경우 경악하는 주위 사람을 볼 수도 있다. 옛날에도 왼쪽은 그리 좋은 취급을 받지 못했던 모양이다. 지금보다 낮은 관직으로 떨어지거나 변두리 지역으로 발령받을 경우 좌천(左遷)이라는 말을 쓴 걸 보면 말이다. 왼손이 우대받는 일은 야구선수처럼 운동선수 외에는 없을 것이다.

이러한 특성을 이용하는 곳이 있다. 백화점과 마트다. 백화점과 마트에서 쇼핑할 때 사람들은 왼쪽보다 오른쪽에 진열된 물건을 더 선호한다. 불변의 오른쪽(invariant right)이라는 말도 있다. 그래서 모든 동선은 오른쪽으로 돌아가게 설계되어 있다. 오른쪽으로 돌아갈 때 장바구니에 담을 가능성이 큰 저가 상품들을 진열한다. 이 상품들에 정신이 팔려 걷는 속도가 늦춰지도록 하고 고가 상품이 있는 곳으로 유인하기 위해서다. 물론 왼손잡이는 오른쪽보다 왼쪽을 더 선호한다.

뉴욕의 뉴스쿨 오브 소셜리서치(NSSR)의 대니얼 카사산토(Daniel Casasanto)와 펜실베이니아대학교의 에반젤리아 크리시코(Evangelia Chrysikou)는 왼손과 오른손에 관한 실험을 했다. 두 사람은 원래 오른손잡이였으나 뇌에 손상을 입어 한쪽 몸이 약해지거나 마비된 환자 13명을 모집했다. 이들 중 5명은 여전히 오른손을 사용했고 나머지 8명은 오른손을 쓸 수 없어 왼손잡이가 된 상태였다.

연구진은 사람의 머리 양쪽에 빈 상자가 두 개 있는 만화를 보여주었다. 그리고 그림에 있는 사람이 얼룩말은 좋게 생각하고 사랑하지만 판다는 그렇지 않다는 식으로 말했다. 그런 다음 환자들에게 어떤 동물을 더 좋아하는지, 어느 쪽 상자에 좋아하는 동물을 넣을지 물었다. 그러자 여전히 오른손을 쓰는 사람들은 그림의 사람이 '좋다'고 말한 얼룩말을 오른쪽 상자에 집어넣었다. 하지만 어쩔 수 없이 왼손잡이가 된 사람들 중 7명은 왼쪽 상자에 얼룩말을 집어넣었다.

실험 결과를 보면 확실히 오른손잡이는 오른쪽을, 왼손잡이는 왼쪽을 선호하는 모양이다. 이렇듯 우리는 매일 하는 기본적인 판단조차도 자신이 어느 손을 사용하는지와 같은 무의식적 요소의 영향을 받는다. 의사 결정에도 영향을 받을 것임은 분명하다. 그러니 자신이 내리는 의사 결정이 항상 옳다는 자만은 버려야 한다.

다시 앞의 문제로 돌아가 보자. 왼팔이 좋을까, 오른팔이 좋을까? 이제 답을 알 것이다. 보스가 오른손잡이라면 오른팔로 불리는 사람이 실세고, 왼손잡이라면 왼팔로 불리는 사람이 실세일 것이다. 만일 당신이 누군가의 한쪽 팔이라고 불린다면 가급적 그 사람이 자주 쓰는 팔이 되는 게 낫다.

# 일을 미루거나
# 여유를 부리는 이유

《당신의 뇌는 서두르는 법이 없다》라는 책을 펴내고 난 이후 여기저기에서 강연 의뢰가 들어왔다. 강의는 적으면 두 달에서 많으면 다섯 달까지 뒤에 잡힌 경우가 많았다. 코로나19로 당장 일주일 뒤 강의가 열릴지 안 열릴지도 장담할 수 없는 마당에 다섯 달 뒤면 무슨 일이 있을지 알 수 없지만 일단 의뢰가 들어왔으니 제안을 거절할 이유가 없었다. 게다가 준비할 시간도 넉넉하니 더더욱 좋은 일이었다.

그렇게 강의를 수락하고 시간이 제법 흘렀다. 어느 날 문득 달력을 보니 열흘이나 남은 것으로 알았던 강의 원고 마감일이 바로 다음 날로 다가와 있었다. 마감 날짜를 착각하고 있었던 것이다. 하지만 바로 다음 날은 아침부터 저녁 늦게까지 종일 강의가 있어 준비할 시간이 없었다. 결국 담당자에게 전화를 걸어 마감일을 늦출 수 있느냐고 물어야만 했는데 다행히 하루 이틀 정도는 연기가 된다고 했다.

희한하게도 시간이 많다고 생각하는 과제일수록 뒤로 가면서 시간에 쫓기는 경우가 많다. 일반적으로 사람은 당장이 아니라 한참 지난 뒤에 해도 되는 일을 제안받으면, 당시에는 그 일에 대한 가치를 높게 생각하지 않는 경향이 있다고 한다. 앞선 예처럼 두 달 혹은 다섯 달 등 시간이 넉넉할 경우, 그 일이 얼마나 해결하기 어렵고 까다로울지 파악하지 못한다. 별로 대수롭지 않은 일이라고 생각하는 경향이 강한데, 이는 당장 처리해야 하는 일이 아니다 보니 뇌가 먼 미래에 일어날 일로 치부하기 때문이다.

물론 이유는 있다. 뇌라는 것은 미래와 현재 중에 하나를 선택하라고 하면 현재를 선택한다. 미래를 대비하기 위해 뇌가 존재하기보다는, 당장의 생존을 위해 눈앞에 보이는 위협과 보상을 예측해 신속하게 결정을 내리고 대응하는 쪽으로 진화해 왔기 때문이다. 지금 바로 무언가를 결정하고 행동하지 않으면 살아남을 수 있을지 모르는 상황에서 불확실한 미래를 대비한다는 것은 무의미한 선택이다. 그래서 뇌는 살아 있는 지금을 충실하게 사는 쪽으로 구조가 형성되었으며 이에 따라 몇 주 혹은 몇 달 후의 일은 예측하는 것 자체를 부담스러워한다.

마감이 멀면 멀수록 뇌는 그 일을 가볍게 여긴다. 그러다가 막상 마감이 가까워져 수행하려고 하면 해야 할 일이 의외로 많다는 것을 알고 깜짝 놀란다. 서둘러 일을 수습하려고 하지만 시간은 없고 일은 많아 허둥거리고 만다. 자칫 잘못하면 마감을 맞추지 못할까 조바심에 시달리고 결과의 질에도 영향을 미칠 수밖에 없다.

게다가 뇌는 편리를 추구하는 존재기도 하다. 일을 마무리하기까지 시간이 많이 있고 하기 어려운 일일수록 미루고 싶은 욕구가 커진다. 예를 들어 일주일 뒤에 시험이 있다면 당장은 시험공부를 하고 싶은 생각이 들지 않는다. 머리를 쓰는 일은 몸을 쓰는 일보다 당연히 자기통제가 더욱 필요하다. 그러다 보니 머리로 공부하는 일보다는 몸으로 하는 일을 더 좋아한다. 갑자기 연필을 깎고 책상을 정리하거나, 방에 어질러진 물건을 정돈하는 것은 바로 이러한 이유다.

이 현상은 비단 나에게만 일어나는 것이 아니라 모든 사람에게 그렇다. 그러니 시간적 여유가 있는 일을 제대로 대응하지 못했다고 자책할 필요는 없다. 뇌가 그렇게 시킨 것이니 말이다. 그렇다면 시간적 여유가 많을 때 미리 해두는 것은 어떨까? 막상 먼 미래의 일이라도 일을 시작하면 생각보다 할 게 많고 의외로 오래 걸린다. 그러므로 시간에 쫓기기 전에 미리 일을 해둔다면 적어도 낭패를 당할 일은 없을지 모른다. 물론 강한 자기통제가 필요하다.

나는 원고를 쓰다 지치면 산책을 하곤 하는데 이런 식으로 머리를 많이 쓰는 중간에 몸을 움직이면 자기통제력을 조금 더 높일 수 있다.

# 나이 들면
# 시간이 빨리 가는 이유

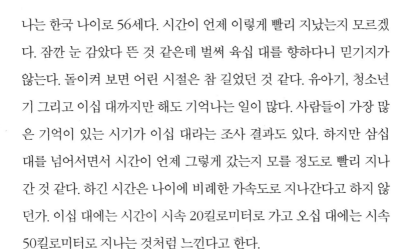

나는 한국 나이로 56세다. 시간이 언제 이렇게 빨리 지났는지 모르겠다. 잠깐 눈 감았다 뜬 것 같은데 벌써 육십 대를 향하다니 믿기지가 않는다. 돌이켜 보면 어린 시절은 참 길었던 것 같다. 유아기, 청소년기 그리고 이십 대까지만 해도 기억나는 일이 많다. 사람들이 가장 많은 기억이 있는 시기가 이십 대라는 조사 결과도 있다. 하지만 삼십 대를 넘어서면서 시간이 언제 그렇게 갔는지 모를 정도로 빨리 지나간 것 같다. 하긴 시간은 나이에 비례한 가속도로 지나간다고 하지 않던가. 이십 대에는 시간이 시속 20킬로미터로 가고 오십 대에는 시속 50킬로미터로 지나는 것처럼 느낀다고 한다.

　그렇다면 나이가 들면서 시간이 왜 그렇게 빨리 지나가는 것처럼 느껴질까? 우선은 생체시계가 느려지기 때문이다. 인간 몸 안에는 자연 주기에 맞춰 리듬을 바꿔주는 생체시계가 있는데, 오래된 시계가 종종 느리게 가는 것처럼 몸 안의 생체시계도 느려진다. 이제 겨우 오후가 되었는가 하는데 물리적 시간으로 보면 저녁때가 된 식이다.

나이가 들면 뇌 작동 속도도 느려진다. 신체는 무한히 기능을 발휘할 수 없다. 시력과 청력 등 모든 감각기관은 나이가 들어감에 따라 기능이 현저히 떨어진다. 뇌의 신경세포 수는 이십 대 초반에 최고조에 달한 후 지속적으로 감소한다. 일부 신경학자들에 따르면 10년마다 전체 뇌세포의 2퍼센트가 사멸한다. 칠십 중반이 되면 이십 대 때보다 10퍼센트 정도 뇌세포가 적어지는 셈이다. 뇌세포가 줄어든다는 것은 기능을 발휘해야 할 때 필요한 신경회로의 연결이 원활히 이뤄지지 않는다는 말이다. 뇌의 지배를 받는 신체 반응이 둔해질 것임은 명확하다.

해마와 전두엽의 퇴화로 기억 능력의 저하도 일어난다. 기억 능력이 뛰어나면 동일한 시간 범위 안에서 기억할 수 있는 일이 많지만 저하하면 기억할 수 있는 일이 많지 않다. 기억할 일이 많지 않으면 그만큼 시간이 많이 흐르지 않았다고 느낄 가능성이 높다.

이 외에 새로운 자극에 민감한 도파민 분비의 감소도 시간이 빨리 지나가는 것처럼 느끼게 한다. 하지만 어느 하나의 원인에 의해 시간이 빨리 지난다고 느끼기보다는 이러한 요인들이 복합적으로 작용하기 때문이라고 생각해야 한다.

최근에는 새로운 연구 결과가 등장했다. 미국의 듀크대학교 기계

공학과 에이드리언 베얀(Adrian Bejan) 교수에 따르면 나이 들수록 시간이 빨리 간다고 느끼는 것은 '시계시간(clock time)'과 마음으로 느끼는 '마음시간(mind time)'이 같지 않기 때문이다. 마음시간이라는 것은 물리적 시간과 달리 일련의 이미지들로 채워져 있고, 이 이미지들은 감각기관의 자극을 통해 만들어진다. 그런데 신체가 노화하면 모든 기능이 저하하다 보니 뇌도 이미지를 습득하고 처리하는 속도가 덩달아 늦어진다. 당연하게 이미지의 변화 속도가 느려진다.

베얀 교수에 따르면 신경망이 성숙해지면 신경망의 크기와 복잡성이 커지며 신호를 전달하는 경로가 더 길어지는 반면, 나이가 들면서 신호전달 경로의 활력이 떨어져 신호 흐름이 둔해진다. 이런 신체

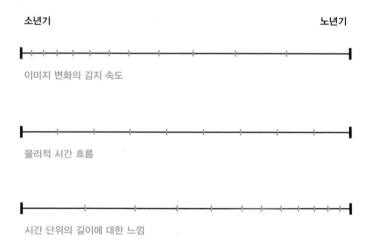

**시계시간과 마음시간의 불일치**

변화는 새로운 심상(mental image)을 습득하고 처리하는 속도를 떨어뜨린다.

아이는 눈동자가 어른보다 빨리, 빈번하게 움직이는데 이는 그만큼 많은 심상을 받아들이고 처리하기 때문이다. 이러한 결과로 똑같은 물리적 시간에 성인이 받는 이미지 수는 어린아이보다 적다. 그런데 인간의 마음은 자신이 인지한 이미지가 바뀔 때 시간 변화를 감지한다고 한다. 따라서 이미지 변화가 적은 노인은 시간이 더 빨리 지나가는 것처럼 느낀다.

# 배움은 정말로 때가 있을까?

우리말에 '배움은 때가 있다'는 말이 있다. 젊었을 때 배우지 않으면 나이 들어서 후회할 일이 생긴다는 말을 우회적으로 표현한 것이라 할 수 있다. 그런데 정말 배움에 때가 있을까? 한편으로는 맞고, 한편으로는 틀렸다.

뇌는 이십 대 중반 혹은 후반까지도 지속해서 성장한다. 성장한다는 말은 신경세포 간의 연결이 늘어나고 수초화가 진행되어 효율이 좋아진다는 것을 의미한다. 최근에는 삼십 대 후반까지도 성장한다는 연구가 있지만 일반적으로 삼십 대 초반이면 성장이 멈춘다고 알려졌다.

뇌가 성장하는 시기에는 신경연결이 활발히 이뤄지므로 무엇이든 학습하면 쉽게 받아들인다. '학습한 내용을 받아들인다'는 것은 관련된 신경연결이 만들어진다는 말이다. 나이 들어 배우는 것과 어릴 때 배우는 것은 성장 속도가 확연히 다르다. 삼십 대가 넘어서면 뇌는 서서히 퇴화하기 시작한다. '퇴화한다'는 것은 신경세포 간의 연결이 끊어지고 그로 인해 사멸하는 신경세포가 생겨난다는 뜻이다. 당연히 이 시기에 무언가를 배우면 그만큼 신경연결이 활발하지 않으므로 학습이 늦어질 수밖에 없다.

그러나 인간의 뇌에는 놀라운 비밀이 숨어 있으니 하나는 신경 재생이고 또 하나는 가소성이다. 이 두 가지로 인간은 평생 배우고 학습할 수 있다. 우선 신경세포 재생은 해마의 치상회에서 일어난다. 이 부위에서는 매일 새로운 신경세포가 만들어지는데 이를 열심히 쓰면 퇴화된 뇌 기능을 어느 정도는 보완할 수 있다. 하지만 사용하지 않으면 새로 만들어진 뇌세포는 그대로 사멸하고 만다. 인간 뇌는 정점에 이르면 뇌세포가 하루에 20만~30만 개씩 죽어가는데, 새로 만들어진 뇌세포가 있다면 이를 적극적으로 활용해야 하지 않겠는가. 새로 만들어진 뇌세포를 건강하게 자극하는 방법 중 하나가 바로 운동이다. 뇌를 위해서라도 운동을 열심히 해야 한다.

가소성은 무언가를 열심히 학습하고 실천하면 뇌가 그것을 받아들여 새로운 신경세포 연결을 만들어내고 그것이 습관으로 자리 잡을 수 있음을 말한다. 자전거를 처음 배울 때는 자전거 타는 요령에 대한 신경연결이 없지만 자주 타다 보면 그 연결이 강화되는 것을 뇌의 가소성이라고 한다. 즉 물리적 힘이 제거되어도 연결된 신경회로가 그대로 남는 것이 가소성이다. 마치 찰흙을 빚어서 조각을 만들면 손을 떼어도 그 모양이 그대로 있는 것과 마찬가지로 말이다.

배움은 때가 있다는 말은 반은 맞고 반은 틀렸다. 일반적으로 사람은 나이 들면 무언가를 배우기 어렵다고 여기고 지레 포기하고 만다. 하지만 그건 옳지 않다. 젊은 사람보다 새로운 정보를 받아들이고 뇌 변화가 쉽게 일어나기 어렵다는 것일 뿐, 뇌가 변화하지 않는 것은 아니다. 나이 든 사람도 어떻게 뇌를 활용하느냐에 따라 뇌를 건강하거나 건강하지 못한 상태로 바꿀 수 있다.

나이 먹었다고 포기하지 말고 도전해 보라. 젊은 사람이 한 달이면 배우는 것을 나이 들면 서너 달이 걸려야 배울 수도 있다. 하지만 '할 수 없을 거야'라고 생각하고 포기하는 것보다는 비록 늦더라도 시도해 보는 것이 바람직하다. 뇌는 평생 변한다. 변하지 않는 뇌는 없다. 우리가 어떻게 사용하느냐에 따라 좋은 쪽으로 혹은 나쁜 쪽으로 변할 뿐이다.

# 뭐더라,
# 그 이름이 뭐였지?

가끔씩 이야기하다가 특정 단어나 사람 이름이 퍼뜩 떠오르지 않을 때가 있다. 분명 아는 이름임에도 혀끝에서만 맴돌 뿐 실제로 생각나지는 않는다. 이것을 설단 현상이라고 한다.

2005년에 신경과학자 피터 하구트(Peter Hagoort)는 언어가 어떻게 이해되는지에 관한 언어이해 모델을 제시했다. 제시한 모델은 세 단계로 기억, 조합, 조절로 이뤄진다. 먼저 기억 단계에서는 단어에 담긴 기억을 활용한다. 좌측 측두엽 끝 쪽에 있는 베르니케 영역에서 관장하는데 이 영역의 역할은 말의 의미를 파악하는 것이다.

두 번째 조합 단계에서는 단어의 표면적 의미에서 좀 더 깊이 있게 들어가 음운적, 의미적, 구문적 정보를 조합해서 완전한 언어 형태로 만든다. 이 과정에서는 브로카 영역이 포함된 좌뇌의 하전두회 영역이 중요한 역할을 한다. 브로카 영역은 말을 조합해 소리 내어 말하게 해주는 언어중추 중 하나다.

마지막으로 조절 단계에서는 말로 표현되는 언어와 행동, 상황을 연계하는 단계다. 즉 지시를 내려 입술과 혀, 성대를 움직이고 상대방이 말을 알아듣도록 조리 있게 전달하는 과정이다. 이 단계에서는 측면 전두피질 외에 전대상피질, 전전두엽의 바깥 부분도 관여하는 것으로 생각된다.

쉽게 정리하자면, 먼저 단어의 의미를 파악해 적절한 단어를 선택하고, 그것을 이치에 맞게 조합해 문장으로 만든 후 발음과 관련된 기관들을 움직여 소리를 낸다는 것이다. 여기에서 설단 현상, 즉 하고 싶은 말이 혀끝에서만 맴돌고 실제로 말이 되어 나오지 못하는 현상은 위의 두 번째와 세 번째 사이에서 일어난다. 적절한 단어를 선택하고 음운적, 의미적, 구문적 정보를 조합해 문장을 만들지만 그 말이 성대와 입을 움직여 소리로 만들어지는 과정이 매끄럽게 되지 않는 것이다.

그런데 사람은 말할 때 말만 하지는 않는다. 말과 더불어 손짓을 하는 경우도 많은데 왼손과 오른손 중 주로 어느 쪽 손을 많이 사용할까? 주위 사람에게 말을 걸어보고 주의 깊게 살펴보라. 아마도 오른손을 훨씬 더 많이 쓸 것이다. 이유는 간단하다. 언어중추가 뇌의 좌반구에 있기 때문이다. 발음과 관련된 브로카 영역과 논리적 이해와 관련된 베르니케 영역은 모두 좌반구에 있다. 그래서 말을 하려면 좌반구를 많이 쓸 수밖에 없는데 행동의 경우 반대편 뇌의 지배를 받으므로 오른손을 더 많이 쓴다.

이왕 말 이야기가 나온 김에 맥거크 효과(McGurk effect)에 대해서도 알아보자. 1976년 영국 서리대학교 심리학과에서 만든 것인데, 얼굴이 클로즈업된 영상에서 한 사람이 뭐라고 말을 한다. 사람들은 그가 "다다"로 발음한다고 생각한다. 하지만 음성을 끄고 영상만 보면 "가가"라고 하는 것 같다. 반대로 소리만 듣고 영상을 보지 않으면 "바바"라고 하는 것처럼 들린다. 영상에서 실제 입 모양은 '가가'를, 소리는 '바바'를 발음하는데 이처럼 입 모양과 소리가 다르면 뇌는 혼란스러워하다가 완전히 다른 단어로 결론을 내린다. 이를 맥거크 효과라고 한다.

# 수포자는 왜
# 생겨날까?

수학을 포기한 사람이라는 뜻으로 '수포자'라는 말이 있다. 초등수학
에서는 문제없던 아이들도 고등수학으로 학습 범위가 넓어지면 어려
움을 느끼고 내용을 따라가기 힘들어한다. 그래서 어떤 아이는 지레
포기해 버리고 만다. 주로 여학생에게서 이런 경향이 많이 나타난다.
나 역시 수포자까지는 아니었지만 수학에 두려움을 많이 느낀 기억
이 있어 수포자들의 심정을 어느 정도는 이해할 수 있다. 나에게는 수
학과를 선택한 큰아이가 외계인처럼 보일 뿐이다.

　수학적 머리는 주로 정수리 근처의 두정엽에서 이뤄진다. 두정엽
은 논리적 추론과 과학적 탐구, 수학적 계산 등을 주관하는 영역이다.
최근 수학에 뛰어난 사람의 뇌 활성 영상을 관찰한 결과에 따르면, 두

정엽과 전전두엽의 활동이 활발한 것으로 나타났다. 이와 관련해 흥미로운 연구 결과가 있다. 영국 옥스퍼드대학교의 연구 팀이 두정엽을 전기로 자극한 뒤 숫자 감각을 테스트했다. 재미있게도 피험자 중 일부가 반년이 지난 시점에도 여전히 좋은 숫자 감각을 유지했다고 한다.

8~9세 아이들을 대상으로 두정엽을 자극하자 수를 판단하는 감각이 발달했다는 연구 결과도 있다. 서울대학교 생명과학부의 이건호 교수 팀은 지능지수 상위 1퍼센트 이내의 영재 학생과 보통 지능을 가진 학생 25명씩에게 지능 과제를 풀어보게 한 후 그때의 뇌 활동을 MRI로 촬영했다. 영재들의 두정엽이 예외 없이 더 활발한 움직임을 보였다고 한다. 그러니 수학에 약한 사람은 수학을 잘하는 사람보다 상대적으로 두정엽의 활동이 약하다고 생각할 수 있다.

아쉽게도 여자의 두정엽은 남자보다 상대적으로 작다고 한다. 한 연구 팀이 MRI를 이용해 성인 남녀 45명을 대상으로 한 조사에 따르면, 의사 결정과 문제 해결을 담당하는 전두엽은 남자보다 여자가 더 크다. 감정을 조절하는 변연계도 남자보다 크며 단기기억과 공간 기억을 담당하는 해마도 더 큰 것으로 나타났다. 반면에 두정엽과 편도체는 여자보다 남자가 상대적으로 더 컸다고 한다. 수학적 능력을 발휘하는 곳이 두정엽인데 여자가 남자보다 두정엽 피질이 작으므로 여자가 수학 문제에 더 어려움을 느끼는 것은 당연하다.

그런데 아무리 수학이 어려워도 포기할 지경에까지 이를 수 있을까? 문제는 공포와 스트레스 반응이다. 수학이 한번 어렵다고 느껴지고 아무리 수업을 들어도 이해할 수 없다고 여겨지면, 수학은 공포가 되고 뇌에서는 스트레스 축이 활성화되어 코르티솔이 흘러나온다. 코르티솔은 스트레스 상황을 해소하기 위해 근육을 긴장시키고 혈당을 높이는 등 에너지를 집중한다. 그 바람에 전전두엽으로 흘러들어야 할 에너지는 줄어들고 만다.

전전두엽에 에너지 공급이 원활하지 않게 되니 주의력, 집중력, 작업기억 등이 모두 저하하고 그렇지 않아도 어려운 수학이 더욱 이해되지 않는다. 한 시간 내내 수업을 들어도 무슨 말인지 알아들을 수 없으면 결국 '수학은 이해할 수 없는 학문이야. 나랑은 안 맞아' 하며 포기하고 마는 것이다.

그렇다면 수포자에게 수학을 가르칠 방법은 없을까? 수학을 포기하도록 내버려 둬야 할까? 가장 좋은 방법은 수준에 맞는 교육이다. 지금의 교육 시스템은 획일적으로 이뤄져 모든 학생의 학업적 편차를 고려할 수 없다. 학습 내용을 따라가는 사람들의 평균 이상을 기준으로 수업을 진행한다. 그러다 보니 일부는 지레 겁을 먹고 피할 수밖에 없는 구조다. 이것을 수준에 따라 반을 나누어 가르치면 지금보다는 효과적일 것이다. 실제 그것을 실험해 성공한 학교가 외국에 있다. 남학생과 여학생의 반을 나누어 수학과 과학 수업을 하자 불과 2주 만에 성적 편차가 사라졌다고 한다.

여기서 재미난 이야기를 한 가지 해볼까 한다. 사람은 다른 동물들보다 유난히 옆머리와 윗머리가 길다. 긴 머리카락은 예로부터 힘과 지혜의 상징이었다. 구약 성경 〈사사기〉에 나오는 삼손은 데릴라에게 긴 머리를 깎여 힘을 잃어버리고 패배하고 말았다. 베트남전쟁에 차출되었던 인디언 병사들이 머리카락을 짧게 자르자, 특유의 직관을 잃어버려 적군의 위치를 제대로 파악하지 못했다고 한다. 반대로 머리를 기르게 했을 때 한밤중에 잠을 자면서도 적군의 침투를 쉽게 눈치챘다고 한다. 그래서 어떤 문화권에서는 머리카락을 피부 바깥으로 빠져나온 또 다른 신경조직이라 여기기도 한다. 수학을 잘하려면 짧은 머리보다 긴 머리가 유리할지 모르겠다.

# 권력은 사람을 어떻게
# 변하게 하는가?

이번에는 이미 상당수 사람이 아는 유명한 실험에 대해 말해보려고 한다. 1971년 스탠퍼드대학교의 필립 짐바르도(Philip Zimbardo) 교수가 수행한 스탠퍼드 감옥 실험에 관한 내용이다. 짐바르도 교수는 신문에 '2주간의 감옥 생활, 일당 15달러'라는 조건을 내걸고 피험자를 공개적으로 모집했다. 모두 70명이 지원했으나 이 중에서 육체적, 정신적으로 문제가 없으며 범죄와 약물 남용 이력이 없는 남자 대학생 24명만을 피험자로 선발했다. 그리고 이들을 무작위로 9명씩 죄수와 교도관으로 나누었다. 나머지는 만일을 위한 대기조로 편성했다.

짐바르도 교수는 죄수로 분류된 피험자들을 찾아가 체포한 뒤 스탠퍼드대학교 지하에 만든 모의 교도소에 집어넣었다. 이 과정에서 진짜 죄수인 것처럼 알몸 수색을 하고 속옷도 없이 원피스형으로 된 죄수복을 입히고 오른쪽 발에는 족쇄를 채웠다. 하지만 이것을 거부한 죄수들은 없었다. 교도관 역할의 피험자들에게는 카키색 유니폼을 입히고 경찰봉과 호루라기를 지급했으며 표정을 숨기도록 선글라스를 착용하게 했다. 이들의 임무는 교도소 내 질서를 유지하는 것이었다.

실험 첫날부터 죄수 역할을 맡은 피험자들은 크고 작은 소동을 일으키며 교도관에게 불복종했다. 교도관들은 이들을 통제하고자 엄격한 규칙을 만들고 제재를 가했다. 이튿날 재소자와 교도관 사이의 갈등은 더욱 심해졌고, 시간이 지나자 교도관은 재소자를 신체적, 정신적으로 학대했다. 체벌을 가하고 머리에 봉투를 씌워 앞이 보이지 않도록 하는 등 교묘한 성적 학대를 비롯한 고문과 가혹 행위가 이어졌다. 평범한 대학생들이 역할에 점점 더 몰입해 가면서 상황은 걷잡을 수 없이 악화되었고 결국 실험은 6일 만에 연구진에 의해 강제 종료되었다.

실험을 통해 연구진은 다른 사람을 지배하는 권한이 생기면 사람은 그것을 남용한다는 결론을 내렸다. 또 지배받는 사람은 학대를 받으면 화를 내며 대항하기보다는 순종하는 경향을 보인다는 점을 지적했다. 이 실험은 루시퍼 효과(Lucifer effect), 즉 인간이 천성적으로 타인을 학대하려는 성향이 있다는 걸 입증했다는 평가를 받아오며 40여 년간 많은 심리학 서적과 영화, 다큐, 티브이 등에 등장했다.

그러나 40여 년이 지난 어느 날, 벤 블룸(Ben Bloom) 박사가 이 실험은 모두 조작되었다는 증거를 제시했다. 미국 인터넷 언론에 폭로한 바에 따르면 실험은 연구진이 거짓과 기만으로 빚어낸 완전한 속임수였다. 블룸 박사는 스탠퍼드대학교 서고에서 미공개 녹취록을 발견했는데, 녹취록에는 실험을 주도했던 짐바르도 교수가 교도관 역할을 맡은 피험자들에게 재소자를 학대하라고 부추긴 내용이 담겨 있었다. 또 당시 가장 악독한 교도관 역할을 했던 데이브 에셜먼도 자신이 한 거친 행동은 연기였다며, 연구진이 그런 행동을 원했다고 블룸 박사에게 털어놓았다고 한다. 그것이 다가 아니다. 당시 교도관의 가혹 행위를 견디다 못해 발작을 일으킨 것으로 보고된 재소자 역시 거짓으로 연기했다고 시인했다. 이번 폭로로 일각에서는 세계 모든 심리학 교과서에서 스탠퍼드대학교 감옥 실험을 빼야 한다는 목소리까지 나오고 있다.

진실이 무엇인지는 짐바르도 교수만 명확히 알겠지만, 무엇이 진실이든 권력이 사람을 변하게 만들었음은 진실인 것 같다. 실험이 사실이라면 교도관 역할을 한 피험자들이 권력을 가진 순간 그것을 부당하게 활용하려는 유혹에 흔들린 것이다. 거짓이라면 짐바르도 교수의 행위 자체가 학자로서의 권위 그리고 그것을 통해 얻을 수 있는 권력을 손에 넣기 위해 잘못된 시도임을 알면서도 실험을 조작한 것이니 말이다.

도대체 권력이 무엇이기에 사람을 이렇게 변화시킬까? 권력이 뇌를 바꾼다는 증거는 꽤 많다. 남성호르몬 테스토스테론이 증가해 자신감이 충만하고 스트레스 호르몬 코르티솔이 줄어들어 삶이 즐거워지며, 수명도 늘어난다고 한다. 반면 권력이 커질수록 사람의 마음을 읽고 감정이입을 하는 뇌 안의 거울 체계가 망가짐으로써 공감 능력은 떨어진다. 삶이 활기차고 즐거워지니 상대방은 어떻게 되든 상관없이 더 많은 권력을 가지고 싶은 것은 어쩌면 당연한 일인지도 모른다.

권력을 가져보지 못한 나로서는 이해할 수 없는 노릇이지만 권력을 쥔 인간이 변하지 않기란 낙타가 바늘구멍을 통과하기 만큼이나 어렵다는 것을 깨닫는다.

# 유난히 운이
# 좋은 사람들의 비밀

주위를 보면 유난히 일이 잘 풀리는 사람이 있다. 불교에서 말하는 삼재에도 아랑곳하지 않고 하는 일마다 잘 풀린다. 그들에게 성공 비밀을 물으면 그냥 운이 좋았다고만 한다. 정말 운 때문일까? 그건 어디까지나 성공한 사람이 하는 겸손한 말일 뿐 사실 비밀이 있다.

뇌에는 현재의식과 잠재의식, 무의식이라는 세 가지 의식이 있다고 한다. 현재의식은 가장 표면에 있는 의식으로 감정을 느끼고, 사고하고, 의사 결정을 하는 등 일상생활을 하는 동안 드러난다. 잠재의식은 그 안쪽 깊숙이 있는 것으로 인간이 자각할 수 없다. 잘 때나 멍하게 있을 때, 혹은 무언가에 몰입할 때 활성화되어 현재의식에 영향을 미친다. 무의식은 메타무의식이라고도 하며 잠재의식을 담는 그릇과 같다. 동일한 내용물도 둥근 그릇에 담으면 둥글게 보이고 네모난 그릇에 담으면 각 지게 보이는 것처럼 메타무의식에 따라 주위의 사건과 환경도 달라 보인다.

미국의 한 대학교에서 아시아인 여학생들에게 수학 문제를 풀게 했다. 문제를 풀기 전 교수는 여학생들에게 '여학생은 남학생보다 수학을 잘 못한다'고 말했다. 그러자 시험 점수는 평소보다 낮게 나왔다. 다른 실험군에서는 교수가 '아시아인은 다른 민족보다 수학 능력이 뛰어나다'고 말했다. 그러자 이번에는 평소보다 높은 점수가 나왔다. 이를 '선입견에 의한 오류'라고 하는데 다른 사람이 자신 또는 자신이 속한 그룹에 대한 선입견이 있다는 것을 알았을 때 그에 걸맞게 행동하는 무의식적 반응을 나타낸다.

예를 들어, 어떤 사람이 서울대학교 출신이라고 하면 사람들은 그를 엄청 '똑똑할' 것이라 여긴다. 그러면 그는 다른 사람들 앞에서 똑똑하게 보이기 위해 무의식적으로 애를 쓴다는 것이다. 이렇게 사고를 조종하는 선입견이 메타무의식의 영역이다.

예전에 〈무한도전〉에서 노홍철 씨는 늘 자신이 '럭키가이'라고 외치곤 했다. 실제로 그는 게임을 할 때마다 좋은 성적을 거두었다. 그런데 정말 타고난 운이 좋은 사람일까? 그가 말한 럭키가이는 자기 세뇌일 뿐이다. 자신이 럭키가이라고 생각하고 그에 맞게 행동하기 때문에 뇌가 이를 실제 상황으로 착각하고 현실로 바꾸는 것이다. 그는 늘 "행복해서 웃는 게 아니라 웃어서 행복하다"라고 말했다. 그것이 그를 늘 웃게 만들고 좋은 일이 따라오게 한 것이다.

메타무의식이 현실을 바꾸게 만드는 원리는 바로 이것이다. 현실을 바꾸고 싶다면 마치 현실이 바뀐 것처럼 행동하라는 것. 융 심리학의 창시자 칼 구스타브 융은 "무의식을 의식화하지 않으면 삶이 정해진 대로 흘러가는데 이를 우리는 '운명'이라고 부른다"라고 했다. 융의 말 역시 자기의 무의식을 담는 그릇이 달라지면 사고와 행동이 달라지고 비록 정해진 운명일지라도 스스로 바꿀 수 있다는 것을 나타낸다. 그러니 오늘부터라도 좋은 생각만 하고 사는 게 어떨까.

# 천재와 바보는
# 종이 한 장 차이?

'천재와 바보는 종이 한 장 차이'라는 말이 있다. 정말 그럴까? 아무리 말이 그렇다 해도 천재와 바보가 종이 한 장 차이일 것 같지는 않다. 그렇다면 천재와 조현병 환자는 어떨까? 결론적으로 말하자면 천재와 조현병을 가진 사람은 백지 한 장 차이가 맞다. 백지 한 장만큼의 작은 차이로 한쪽은 천재가 되고 다른 쪽은 조현병 환자가 되는 것이다.

스위스의 한 연구진이 수행한 연구에 따르면 고도로 창의적인 사람과 조현병 환자에게는 공통점이 있다. 바로 다른 사람보다 시상에 존재하는 도파민 수용체가 훨씬 적다는 것이다. 시상은 외부에서 입력되는 모든 감각 정보가 거쳐가는 기관이다. 단, 후각을 제외하고. 시상에서 도파민 수용기가 적다는 것은 그만큼 외부에서 입력되는 감각 정보를 걸러내는 효율이 떨어짐을 의미한다. 반대로 생각하면 외부에서 입력되는 감각 정보에 무척 민감하다는 것을 나타낸다. 그리고 이것을 바탕으로 일반 사람은 느낄 수 없는 감정 세계를 느낀다. 따라서 놀라운 수준의 창의력을 발휘하거나 보통 사람으로서는 생각할 수 없는 세계관을 가진다.

우리가 잘 아는 예술가들을 살펴보면 선뜻 이해가 될 것이다. 빈센트 반 고흐는 천재일까, 정신병자였을까? 고흐의 위대한 작품은 대부분 정신병원에 수용되어 있는 동안 그려졌다. 만약 그가 신경쇠약을 겪지 않았다면 〈별이 빛나는 밤〉은 탄생하지 않았을지도 모른다. 뭉크 역시 마찬가지다. 뭉크는 대단히 신경질적인 데다 몸도 허약했는데 훗날 자신의 성격이 그렇지 않았다면 〈절규〉 같은 대작은 존재하지 않았을 거라고 고백했다. 이들을 보면 천재와 조현병 환자는 정말 시쳇말로 '한 끗' 차이에 불과한 것처럼 보인다.

이왕 말이 나온 김에 한마디 하고자 한다. 태어날 때부터 선천적으로, 후천적인 원인으로 장애를 입은 사람을 모두 가둬두고 격리 생활을 하도록 해야 할까? 말도 안 되는 소리라고 할 것이다. 언젠가 국내의 조현병 환자가 늘어나고 있다는 기사에 달린 댓글 중에 '죄다 잡아 가두어야 한다'는 의견이 의외로 많아 충격을 받았다. 조현병 환자를 가두라는 것은 나이 들어 치매에 걸린 사람을 모두 잡아서 돌아다니지 못하게 하라는 것과 같다.

조현병의 정확한 발병 원인은 아직도 밝혀지지 않았다. 하지만 위에서 언급한 것처럼 시상에서 감각을 걸러내는 효율이 떨어지면서 뇌가 비정상적으로 예민하게 반응하는 것이 조현병이다. 일반적인 사람은 시상에서 대부분 정보를 걸러냄으로써 감각기관의 과부하 문제를 해결한다. 하지만 조현병 환자는 이것이 안 된다. 꼭 필요한 정보만 남겨두고 불필요한 정보는 걸러내야 하는데 그렇게 하지 못하다 보니 뇌에 과도하게 에너지가 흘러 발작과 환상, 환청 등 기능장애를 일으키는 것이다. 문제는 이렇게 정신을 잃은 상태에서 무의식적으로 심각한 문제를 일으키는 것이지, 병 자체가 문제는 아니다.

조현병은 치료를 받아야 할 대상이지, 죄가 아니다. 그럼에도 조현병 환자는 사법 처리 대상이라느니, 가둬야 한다느니 하는 것은 인간으로서의 존엄성을 스스로 포기하는 것과 같다. 그리고 의도적으로 공감 능력이 없는 사람처럼 행동하는 소시오패스와 같다는 것을 깨달아야 한다.

# 빨간색이 강할까, 파란색이 강할까?

어린아이 같은 질문이지만 한번 물어보자. 빨간 나라와 파란 나라가 싸우면 어느 쪽이 이길까? 가장 힘센 쪽은? 답은 빨간 나라다. 적어도 뇌에서만큼은 그렇다. 많은 학자가 빨간색이 유전자 속에서 승리로 각인되어 있다고 말한다. 빨간색은 원시시대 때부터 승리와 지배로 뇌에 인식되었으며 단순히 빨간색 셔츠를 입는 것만으로도 상대방에게 위압감을 준다고 한다.

영국 더럼대학교의 러셀 힐(Russell A. Hill)과 로버트 바턴(Robert A. Barton) 교수는 아테네 올림픽에서 맞붙은 두 복싱 선수가 빨간색과 파란색 유니폼을 각각 입고 경기했을 때의 결과를 분석해 유니폼의 색깔과 관련된 사실을 발견했다. 세계 랭킹과 전력이 대등한 두 선수가 맞붙은 경기들을 분석한 결과, 빨간색을 입은 선수들의 승률은 62 퍼센트였던 반면 파란색을 입은 선수들의 승률은 38퍼센트에 불과했다. 통계적으로 볼 때 양쪽이 이길 확률은 50퍼센트에 근접해야 하지만, 62퍼센트 대 38퍼센트라는 것은 유의 수준을 넘어선 결과다.

힐과 바턴 교수는 이어서 축구 경기도 분석했다. 토너먼트 방식으로 진행되는 축구 대회에서 어떤 팀은 평소에 입는 유니폼과 다른 색깔의 옷을 입어야 할 때가 있다. 상대 팀이 평소에 입는 옷 색깔과 비슷할 때 이런 일이 일어난다. 그래서 힐과 바턴 교수는 여러 축구팀이 특정 색(특히 빨간색)의 유니폼을 입을 때와 다른 색을 입을 때 승률에 어떤 차이가 있는지 살폈다. 분석 대상으로 삼은 대회는 유로 2004였다. 놀랍게도 빨간색을 입은 팀들이 다른 팀보다 승률이 높았고 골도 더 많이 넣었다

도대체 왜 그럴까? 빨간색 옷을 입는 것만으로도 테스토스테론 수치를 높여주는 약물을 복용한 효과가 난다고 한다. 테스토스테론은 자신감과 추진력을 높여주는 신경전달물질이다. 반면에 빨간색을 본 상대방은 그 색에 위축되어 테스토스테론 수치가 떨어진다고 한다. 자신감이 저하되는 것이다.

이에 대해 《승자의 뇌》를 쓴 이안 로버트슨은 이렇게 말했다. 두 남자가 마주 보고 싸우려고 한다고 해보자. 한쪽 사람은 얼굴이 몹시 붉고, 다른 쪽 사람은 몹시 희다. 이럴 경우 대부분 사람은 얼굴이 붉은 사람이 화가 잔뜩 난 상태고, 흰 사람은 겁에 질려 창백해진 상태라고 생각할 것이다. 결국 이런 맥락에서 빨간색이 승리를 상징하는

색으로 뇌 안에 유전적으로 각인되었다는 것이다. 설명이 타당하든 그렇지 않든 빨간색이 승리를 부르는 색임에는 틀림없다. 그러니 색에도 힘이 있다는 것도 일면으로는 타당하지 않을까?

이 외에도 색상이 뇌와 신체에 미치는 영향은 생각보다 지대하다. 파란색과 녹색 같은 차가운 색상은 사람을 편안하게 하고 긴장을 풀어주지만, 주황색과 빨간색처럼 따뜻한 색상은 각성하게 만든다고 한다. 차가운 색상을 사용한 공간을 따뜻한 색상을 사용한 공간보다 더 안정되고 긍정적으로 평가한다고 한다. 이러한 특성으로 스포츠 경기와는 달리 상품을 판매하는 매장에서는 빨간색이 파란색에 밀리는 결과가 나왔다.

애리조나주립대학교의 조지프 벨리치(Joseph A. Bellizzi) 교수는 붉은색이 많은 매장과 푸른색이 많은 매장의 매출을 비교해 보았다. 그 결과 푸른색이 많은 매장에서 고객들이 더 많이 구매했고 구매 결정 속도도 더 빨랐다. 붉은색은 신체적 각성을 야기하는 동시에 부정적이고 긴장된 정서를 조성하는 반면, 푸른색은 차분하고 편안한 정서를 만들어 붉은색보다 쇼핑 경험을 더 긍정적으로 만든다는 주장이었다.

자, 그렇다면 이번에는 파란색이 이겼다. 스포츠 경기에서는 빨간색이 승리의 색이었지만 물건을 판매하는 사람들에게는 파란색이 승리의 색일 가능성이 높다. 도대체 무엇의 힘이 더 셀까? 결국 상황에 따라 색이 뇌에 미치는 영향은 달라진다고 볼 수 있다.

# 옆에서 숙제를 도와주면
# 어떤 일이 일어날까?

뇌는 1,300~1,400그램 정도로 몸무게에서 차지하는 비중이 2퍼센트에 불과하지만 몸 전체에서 소모되는 에너지의 20퍼센트를 사용한다. 그러다 보니 뇌가 늘 염두에 두는 것은 에너지 절약이다.

뇌 안을 들여다보면 빨간색 바탕 위에 노란 글씨로 '에너지 절약'이라고 써두었을 것만 같다. 가급적이면 에너지를 쓰지 않고 문제를 해결하고 정보를 처리하려는 경향이 있는데 만일 외부에서 빌려올 수 있는 자원이 있다면 뇌는 에너지를 절약하기 위해 그것을 빌리려고 한다. 자신의 에너지를 쓰지 않고도 문제 해결 등 원하는 결과를 얻을 수 있으니 말이다. 그런데 이러한 뇌의 특성이 자제력을 약화하는 결과를 가져올 수 있다. 누군가 옆에서 도와주면, 뇌는 스스로 에너지를 소모하는 일을 줄이려고 한다는 것이다.

듀크대학교와 노스웨스턴대학교 연구자들이 유대감이 강한 커플끼리 자제력을 교류하는 것의 장단점을 알아보는 실험을 한 결과, 한 사람이 다이어트할 때 파트너가 도움을 주리라 기대하면 실제로 에너지 소비가 줄어드는 것으로 나타났다. 다른 일에 신경 쓰느라 이미 에너지가 바닥난 피험자일수록 이런 현상이 두드러졌다. 또한 미뤄둔 공부를 할 때 파트너가 도와주리라고 기대하는 사람이 혼자 공부하는 사람보다 에너지를 덜 쓰는 것으로 나타났다.

이것이 일상생활에서 어떤 의미일까? 유치원이나 초등학생 자녀를 둔 부모들은 잘 알 것이다. 아이의 숙제 중에는 혼자 하기에 벅찬 것이 종종 있다. 혹은 숙제를 제때 하지 않고 미뤄두었다가 급하게 해야 하거나, 조금 더 나은 평가를 받게 하고픈 부모의 욕심에 숙제를 옆에서 도와주는 경우가 있다. 그림에 색칠하는 과제를 대신해 주고, 어려운 문제를 대신 풀어주고, 필요한 정보를 대신 찾아주는 경우 등이 그러하다. 그런데 위 실험에서 보는 것처럼 옆에서 누군가가 도와주면 도움을 받는 사람은 뇌에서의 에너지 소모를 줄이려고 스스로 문제를 해결하려는 노력을 덜 한다. 즉 도와주는 사람을 믿고 노력을 줄인다는 것이다.

그만큼 머리를 안 쓰는 것인데, 어쩌다 한두 번이면 괜찮다. 하지만 숙제할 때마다 옆에서 도와주면 아이는 그것을 당연하게 받아들이고 스스로 노력하지 않는다. '부모님이 해주겠지'라며 의존하는 것이다. 실제로 숙제하는 부모 옆에서 뒹굴거리며 노는 어린아이를 본

적이 있을 것이다. 이것이 반복되면 뇌는 스스로 문제를 해결하는 역량이 저하할 뿐만 아니라 고통을 이겨내고 끝까지 책임을 완수하려는 자제력도 떨어진다. 그리고 어릴 때 이렇게 뇌 안의 신경회로가 형성되면 성인이 되어서도 중요한 일을 결정할 때 누군가 도와주지 않으면 안 될 정도로 어려움을 겪는다. 혼자서 생각하고 판단하기 어려운 사람이 되는 것이다.

아이가 끙끙거리며 어려운 숙제를 하는 모습을 보면 부모는 당연히 안쓰러운 마음이 생기고 도와주고 싶어진다. 하지만 이는 아이 미래를 망치는 잘못된 습관을 심어주는 것이다. 안타깝더라도 숙제를 도와줘서는 안 된다. 정말 돕고 싶다면 무언가를 대신하는 게 아니라 스스로 문제를 해결하도록, 노력을 포기하지 않도록 이끌어주는 역할만 하는 것이 바람직하다. 진정으로 아이를 위한다면 말이다.

# 좌뇌는 논리적이고, 우뇌는 감성적일까?

뇌과학은 아직도 발전 중에 있는 학문이다. 본격적으로 연구가 시작된 것은 1900년대 후반이고 뇌 전체를 100이라고 했을 때 지금까지 알려진 것은 10~20 정도밖에 안 된다. 물론 그 이전에도 뇌에 대한 연구는 꾸준히 이뤄져 왔다. 하지만 아직도 밝혀내야 할 것이 무궁무진하고 따라서 기술 발전에 따라 지금 아는 것이 언제 사실이 아닌 것으로 밝혀질지 알 수 없다. 과학 분야 중에서 확언할 수 없는 유일한 분야가 뇌과학이다.

뇌에 대해서 가장 많은 오해를 하는 것이 좌뇌는 논리적 사고를 담당하고 우뇌는 감성적 사고를 담당한다는 것이다. 수학과 과학을 잘하는 사람은 좌뇌가 발달하고, 미술과 음악을 잘하는 사람은 우뇌가 발달했다는 고정관념을 지니고 있다. 하지만 뇌를 분석해 보면 예술가 중에서도 좌뇌를 더 많이 쓰는 좌뇌형 인간이 있고, 과학자 중에서도 우뇌를 더 많이 쓰는 우뇌형 인간이 있다. 도대체 어떻게 된 일일까?

뇌는 칼로 두부를 자르듯 좌뇌는 논리, 우뇌는 감성, 이런 식으로 움직이지 않는다. 좌뇌와 우뇌 사이에는 뇌량(腦梁)이라는 커다란 신경다발이 있어서 양쪽을 오갈 수 있는 육교 역할을 한다. 뇌량을 통해 좌뇌와 우뇌는 긴밀하게 정보를 주고받으며 협업한다. 수학 문제를 풀 때 우뇌는 쉬고 좌뇌만 움직이거나, 그림을 그릴 때 좌뇌는 쉬고 우뇌만 움직이는 것이 아니라는 이야기다.

그럼에도 좌뇌와 우뇌가 하는 일은 조금 다른 측면도 있다. 일반적으로 우뇌는 새로운 것을 받아들이는 역할을 한다. 낯선 것, 처음 접하는 것 등 지금까지 경험해 보지 못한 것을 대할 때 우뇌가 먼저 이를 받아들인다. 바이올린을 처음 배우거나 지금까지 다루지 않았던 대수학 문제를 접한다면 우뇌가 먼저 이를 학습한다. 그러다가 어느 정도 익숙해지면 좌뇌가 맡아 담당한다. 자전거 타기를 처음 배울 때는 우뇌를 많이 쓰다가 익숙해지면 좌뇌를 많이 사용한다. 그러니 예술가 중에서도 익숙한 작업을 하는 사람은 좌뇌를 더욱 많이 쓴다.

정서 측면에서 보면 좌반구는 긍정적인 정서, 우반구는 부정적인 정서를 담당한다. 좌반구의 전두엽 부분에 손상을 입은 환자는 긍정적인 정서를 느끼기 힘들기에 병리적인 눈물과 우울증을 앓는 사람에게서 보이는 의욕 부족, 목표 설정과 달성에 대한 무기력함 등 증세가 나타난다.

반면 우반구의 전두엽 부분에 손상을 입은 환자는 부정적인 정서를 느끼지 못하므로 병리적인 웃음을 터뜨리는 경우가 많다. 좌반구 전전두엽이 활성화되면 웃음 근육이 움직이면서 진짜 미소라는 뒤센미소가 지어지지만, 우반구 전전두엽이 활성화되면 공포와 혐오의 표정이 지어진다. 그런데 눈과 볼의 근육을 모두 움직여서 웃게 하면 좌반구가 더 큰 활성화를 보인다. 다시 말해 의도적으로 진짜 미소를 지으려고 할 때 더 큰 행복감을 느낀다는 것이다.

앞서 말했듯 좌뇌에는 브로카와 베르니케 같은 언어중추가 있다. 브로카는 말을 또박또박 제대로 발음하도록 하는 부위고 베르니케는 논리적으로 횡설수설하지 않고 앞뒤가 맞게 말하도록 하는 부위다. 언어중추 모두 좌반구에 있어서 좌뇌는 글을 읽고 쓰거나 논리적으로 말하는 것에 관여한다. 반면 오른쪽 상위측두이랑에는 창의적 사고를 할 때 활성화되는 부위가 있다. 그래서 우반구 활동이 강한 사람 중에서는 창의력이 뛰어난 사람이 많다.

물론 이러한 것도 한쪽 반구에서만 이뤄지지는 않고 양쪽 반구가 협업해 일어나지만 우세한 경향이 그러하다는 것이다. 말할 때는 언어 구사는 왼쪽 뇌가 맡지만 감정이 섞인 음조는 오른쪽 뇌가 담당한다.

측두엽 측면에서 보면 주로 좌측이 우세 반구고 우측이 열세 반구다. 오른손잡이가 왼손잡이보다는 많으니까. 대다수 사람에게 좌측 측두엽은 언어의 이해와 처리, 장기기억, 청각적 학습, 단어의 인출, 시각과 청각의 처리, 정서적 안정성 등을 담당한다. 반면에 우측 측두엽은 안면 인식과 음조의 해독, 리듬의 이해, 음악 감상 등을 담당하며 타인과의 효과적인 상호작용을 통한 사회관계에 중요한 역할을 한다.

그래서 주로 우세 반구에 문제가 생길 경우 공격성이 증가하고, 음울하고, 어두우며 폭력적 사고가 늘어난다. 또한 청각적 처리 부진, 부적절한 단어 선택, 읽기 장애, 정서 불안 등의 문제가 발생하기 쉽다. 좌측 측두엽에 장애를 가진 사람들 중 일부는 빈번하고 강렬한 폭력적 생각에 시달린다. 이것이 자신의 내부를 향하면 자살을 선택하는 경우도 있다. 게다가 무시와 멸시에 상당히 민감하고 편집증적 증상을 보여 심각한 대인관계와 직업적 문제를 야기할 수 있다. 그리고 좌측 측두엽 뒤쪽의 활동이 저하할 때 난독증이 나타난다.

열세 반구에 문제가 생기면 사람의 표정을 보고 감정 상태를 인식하기가 어려워지며 음조에 따른 말의 뉘앙스 차이를 깨닫지 못한다. '잘한다'가 칭찬이 될 수도, 비꼬는 말이 될 수도 있지만 이러한 것을 구분하지 못하는 것이다. 따라서 우측 측두엽에 문제가 발생할 경우 사회관계를 맺는 일이 잘 이뤄지지 않는다.

# 사람의 마음을 읽고
# 말로 바꿔줄 수 있을까?

미국의 한 대학교 연구 팀이 사람 마음을 읽은 후 그 생각을 말로 바꿔줄 뇌 이식 장치를 개발했다. 이 기술은 두 단계로 나눠지는데, 첫 번째 단계에서는 뇌에 전극을 이식해 뇌가 보내는 전기신호를 포착하는 것이다. 신호는 입술, 혀, 후두, 턱 등 말과 관련된 부위를 움직이게 한다. 두 번째 단계에서는 강력한 컴퓨팅으로 입과 목구멍에서의 움직임이 어떻게 각기 다른 소리로 나오는지 시뮬레이션해 가상 성도(virtual vocal tract)로 합성된 소리를 내는 것이다.

이 기술이 완성되면 질병으로 말할 수 없는 사람에게 도움을 줄 수 있을 것이라고 한다. 아쉽게도 아직 완전히 개발된 것은 아니며, 뇌 손상과 후두암, 뇌졸중 등으로 말할 수 없게 된 일부 환자가 의사 표현을 하는 데 도움이 된다고 한다.

좀 더 쉽게 이야기하자면, 뇌에 전극을 꽂아 혀와 후두, 턱 등 발성하게 만드는 운동피질의 움직임을 감지하고 그것을 분석해 어떤 말을 하고 싶은지 해석한 후 소리 합성 장치를 통해 발성하게 해준다는 원리다. 아쉽게도 태어날 때부터 말하지 못했던 사람이 아니라 원래는 말할 수 있었으나 여러 요인으로 말할 수 없게 된 사람에게만 해당한다. 선천적으로 말할 수 없는 사람은 말하는 데 관련된 뇌 부위가 발달하지 않아 전기신호가 발생하지 않기 때문일 것이다.

어느 정도까지 기술이 개발되었는지는 모르겠지만 아마도 지금 단계에서는 초기 음성인식 수준이 아닐까 싶다. 즉 수많은 오류가 있고 알아들을 수 있는 말보다는 무슨 뜻인지 모를 말이 더 많을 것이다. 기괴하고 엉뚱한 문장이 만들어질 수도 있다. 하지만 기술은 계속 발전할 것이고 거듭된 시행착오를 거치다 보면 언젠가는 기계가 사람의 마음을 읽어 자연스럽게 대화를 나누는 날이 오지 않을까 싶다.

그렇게 생각하는 것은 잠을 자는 동안 시각피질의 움직임을 분석해 이 사람이 어떤 유형의 꿈을 꾸는지 알아내는 실험이 이미 진행되었다고 하기 때문이다. 꿈을 꾸는 동안 자동차가 등장하고, 달리기를 하고, 싸움을 하는 등 대략적인 유형을 파악하는 연구는 성공했지만 자세한 내용은 아직 알 수가 없다. 하지만 이 기술처럼 마음을 읽는 기술도 언젠가는 실용화되리라 본다. 운동피질의 움직임을 추적해 이 부위에서는 어떤 발성을 하고, 이 부위를 움직이면 어떤 소리가 나는지를 빅데이터로 정리하고 나서 그것을 소리로 바꿔주기만 하면 되니 말이다. 궁예가 그토록 관심이 많았던 관심법(觀心法)이 기계로 실현될 수 있는 것이다.

하지만 중요한 것은 '인간만이 할 수 있었던 것에 대한 기계적 시도'가 늘어나면서 점차 인간이 속마음을 지키기 어려운 세상이 올 수도 있다는 것이다. 예를 들어 경찰이 취조할 때 기계 장치를 범인의 머리에 씌우기만 하면 범인인지 아닌지 쉽게 알 수 있을 것이다. 그리고 누군가는 그러한 기술을 불순한 목적으로 악용할 것이 틀림없다. 어쩌면 끔찍한 '빅브라더'의 시대가 생각보다 빨리 펼쳐질지 모른다.

# 예지몽을 꾸는 게
# 가능할까?

미래에 일어날 일을 꿈속에서 미리 보는 것을 예지몽이라고 한다. 그런데 정말 예지몽이 있을까? 흔히들 꿈자리가 뒤숭숭할 때, 즉 꿈속에서 안 좋은 일을 겪었을 때 험한 일이 일어날 징조라고 생각하지만 사실 별 의미가 없을 수 있다.

예지몽에 대한 이야기를 하기 위해서는 꿈이 무엇인지부터 정의하고 넘어가야 한다. 꿈은 무의식 상태에서의 정보 처리 과정이다. 의식이 있는 동안 받아들인 정보는 해마에 저장되었다가 잠자는 동안 기억에 저장되거나 폐기되는 과정을 거친다. 그사이에 뇌는 모든 정보를 선별하고 가공하는 작업뿐만 아니라 기존에 저장되었던 정보와 연결해 보는 작업을 한다. 오늘 혹은 어제, 한 달 전에 들어온 정보를 그 훨씬 이전에 저장된 과거의 정보와 맞춰보기도 하고 전혀 관련 없는 정보끼리 묶어보기도 한다. 뇌가 이러한 과정을 거치는 것은 창의적 사고를 위한 방편 중 하나인데, 의식이 있을 때는 서로 연관되지 않을 정보들도 꿈속에서 연결고리를 찾고 창의적인 사고를 떠올릴 때가 있다. 이러한 꿈은 주로 얕은 잠인 렘수면 단계에서 이뤄진다. 깊은 잠인 비렘수면 단계에서도 꿈을 꾸지만 그때의 꿈은 생각나지 않는다. 거의 대부분 꿈은 렘수면 단계에서 이뤄진다.

이렇게 꿈이 정보 처리 과정이라면 예지몽의 의미는 무엇일까? 과학적 측면에서 답하자면 예지몽은 지금까지 뇌과학에서의 발견으로는 설명되지 않는다. 그러니 과학적 측면에서는 예지몽이라는 것은 없다고 봐야 한다. 하지만 실제로 예지몽을 꾸는 사람이 있기도 하다.

젊은 시절, 아내는 곧잘 예지몽을 꾸곤 했다. 미국에서 유학하던 시절, 아내가 차 사고가 나는 꿈을 꾼 후 한동안 불안에 시달리더니 결국 내가 누군가의 차에 들이받히는 사고가 났다. 그것을 예지몽이라고 할 수 있을지 모르겠지만 과학적으로 설명되지 않는 일이라도 실존하는 법이다. 나는 예지몽이 가능하리라고 생각한다. 분명 예지몽을 꾸는 사람이 있으니 말이다.

그렇다면 예지몽은 왜 꾸는 것일까? 우선, 평소 우려하고 걱정하던 것 때문일 수 있다. 평소 그렇다는 것은 그만큼 많이 생각한다는 뜻이고 의식적으로 관련된 정보를 떠올릴 가능성이 크다. 꿈에서도 관련 내용이 등장할 수 있다는 것이다.

또 흔히 '촉', 육감이 뛰어난 사람이 예지몽을 꿀 수 있을 듯하다.

꿈은 정보의 결합이다. 정보 중에는 지식적인 정보도 있지만 감각적, 감정적인 정보도 있다. 육감이 뛰어난 사람은 특별한 상황에 대해 다른 사람이 느끼지 못하는 것을 미리 눈치채기도 한다. 만약 꿈에 이러한 정보들이 나타난다면 아직 일어나지 않은 일을 미리 알려주는 예지몽 형태일 수 있다.

결국 예지몽은 무당이 이야기하듯 조상이 나타나 알려주는 것이 아니라 꿈꾸는 사람의 감각 정보가 기존의 다른 정보와 결합해 나타나는 지극히 정상적인 꿈의 과정이라고 할 수 있다. 하지만 이것도 어디까지나 내 생각일 뿐, 예지몽은 아직 과학적 측면에서 실체가 규명되지 않았다.

# 생각만으로 뇌를
# 바꿀 수 있다?

영화 〈올드보이〉에서 오대수(최민식 분)는 감금방에 갇힌 충격을 딛고 혼자 열심히 운동하며 근육을 단련한다. 감금방을 벗어나는 날, 자신을 가둔 범인을 찾아 복수할 요량으로 말이다. 육체적 운동과 함께 그는 날마다 머릿속으로 깡패들과 싸우는 장면을 그려본다. 그 후 실제로 맞붙어 싸울 때 오대수는 압도적인 실력을 발휘하며 그들을 제압한다. 이러한 일이 실제로도 가능할까? 생각하는 것만으로 뇌를 바꾸고, 뇌가 몸을 조종하도록 만드는 것이?

수영황제라고 불리던 미국 수영 선수 마이클 펠프스가 심상 훈련을 했다는 것은 누구나 아는 사실이다. 한국 양궁 선수들도 실제 시합에 앞서 심상 훈련을 한다고 한다. 유명한 사람들 속에 끼지는 못하지만 나 역시 중요한 강의가 있는 날이면 머릿속으로 강의하는 장면을 미리 연상해 보곤 한다.

마음속으로 실제 행동을 그대로 따라 해보는 행위를 심적 시연(mental rehearsal)이라고 한다. 정신적 연습이라는 의미다. 마음속으로 행위를 그려보면서 반복적으로 연습하면 명확한 목적을 가지고 그것에 좀 더 집중할 수 있다. 뇌에서는 심적 시연이나 실제 경험이나 다를 바 없다고 느끼기 때문이다.

한 실험에서 참가자들을 세 그룹으로 나눈 후 첫 번째 그룹은 4주 동안 매일 다섯 번에 걸쳐 왼손의 손가락을 운동하도록 했다. 두 번째 집단은 상상만으로 운동하게 했다. 세 번째 그룹은 대조군으로 아무 것도 하지 않게 했다. 4주가 지난 후 연구진은 피험자들의 힘을 테스트했다. 그러자 실제 매일 손가락 운동을 한 첫 번째 그룹은 운동하기 전보다 손가락 힘이 30퍼센트 강해졌다. 대조군은 아무것도 하지 않았으므로 아무런 변화도 나타나지 않았다. 놀라운 것은 두 번째 그룹이었다.

이들은 오로지 상상만으로 손가락을 움직였을 뿐임에도 손가락 힘이 무려 22퍼센트나 강해졌다. 이런 유의 실험은 무척 많다. 피아노를 직접 치지 않고 옆에서 치는 것을 보면서 마음속으로 따라 하는 것만으로도 피아노 연주에 관련된 뇌 부위가 활성화되었다는 식의 결과 말이다.

실험 결과처럼 심적 시연만으로도 손가락 힘을 강하게 할 수 있다면 다른 일도 가능하지 않을까? 상처나 질병을 스스로 치유하고 나쁜 습관을 바꾸는 것 말이다. 예를 들어 쉽게 감정적 폭발을 일으키는 사람이 심적 시연으로 나쁜 습관을 바꾼다고 해보자. 그는 마음속으로 화가 나는 상황에서 화를 분출하지 않고 참는 상상을 할 것이다. 이렇게 심적 시연에 집중하고 반복하면 뇌에서는 새로운 신경망의 패턴이 만들어지고 활성화된다. 그리고 기존에 쉽사리 화를 내고 공격적인 태도를 취하게 하던 신경망의 연결이 끊어지고 신경세포들이 새롭게 형성되면서 '인내'라는 새로운 마음 상태가 만들어질 수 있다. 마치 숲속에 새로운 길이 만들어지고 쓰지 않는 옛길이 없어지는 것과 동일하다.

일단 새로운 신경회로가 형성되면 그것을 강화하는 훈련이 필요하다. 새로운 신경망을 반복적으로 활성화하고 연결함으로써 새로 형성된 신경망이 쉽사리 없어지지 않고 지속되도록 하는 것이다. 실제로 심적 시연을 할 때마다 화를 내지 않고 인내의 상태에 완전히 도달할 때까지 연습을 멈추지 않겠다고 결심한다. 그렇게 반복적으로 연습할수록 분노를 참는 마음은 더 자연스러워진다. 새로운 마음이 새로운 뇌를 만들어내는 것이다.

생각만으로도 뇌를 바꿀 수 있다니 다소 허무맹랑하고 공감되지 않는 이야기일 수도 있다. 하지만 뇌과학의 관점에서 보면 오대수가 보여준 행동은 실제 실현 가능한 일이다. 어차피 상상만으로 하는 것, 돈 드는 일도 아니고 그리 힘든 일도 아니라면 밑져야 본전 아니겠는가. 게으름, 남을 비난하는 행위 등 고치고 싶은 습관이 있으면 한번 시도해 보는 것도 나쁘지 않을 듯싶다.

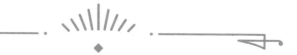

# 인간이 몸에 비해
# 큰 뇌를 가지게 된 이유

대학 시절, 과에서는 별명이 공으로 끝나는 친구들이 있었다. 축구공, 배구공, 럭비공 등. 머리가 크기 때문이었는데 단연 압권은 농구공이 었다. 실로 그 친구는 농구공이라는 별명이 아깝지 않게 머리가 컸다. 친구들은 그를 향해 늘 머리가 커서 좋겠다는 말을 하곤 했다. 일반적으로 짱구처럼 머리가 큰 사람은 머리가 좋다는 인식이 있었으므로 말이다. 정말로 뇌가 크면 지능이 높을까?

뇌 무게는 대체적으로 몸 크기와 비례하는데 코끼리의 뇌는 4,200 그램 정도 된다. 어떤 고래 뇌는 9,000그램에 이르기도 한다. 인간의 뇌는 무게가 1,400그램 정도 된다. 수족관에서 흔히 보는 병코돌고래의 뇌와 비슷하다. 무게만 놓고 보면 지능 순위권 안에 들기도 어렵다.

그러나 대뇌화 측면에서 보면 이야기가 달라진다. 어떤 동물의 뇌 크기가 신체 크기보다 예상을 벗어날 정도로 큰 것을 '대뇌화'라고 한다. 대뇌화 측면에서 인간은 동물 세계에서 적수를 찾아볼 수 없을 정도로 압도적인 우위를 차지하는데, 신체 유지에 필요한 기본적인 뇌 용량보다 훨씬 크다. 그만큼 잉여 용량이 많다는 의미다.

심지어는 뇌 무게가 비슷한 병코돌고래보다 압도적으로 대뇌화가 되어 있다. 잉여 용량이 너무 많은데 넣을 자리가 부족하다 보니 대뇌 피질에 그렇게 쭈글쭈글 주름이 생긴 것이다. 그러다 보니 신체에서 필요한 에너지의 20퍼센트를 뇌 혼자 소비한다. 그야말로 에너지 소비 센터인 셈인데 이유가 뭘까? 왜 인간의 뇌는 필요 이상으로 커진 것일까?

여기에는 두 가지 가설이 존재한다. 첫 번째는 진화적 관점으로, 혹독한 환경에서 생존하기 위해서라는 것이다. 사냥하고 주위 나무 열매를 채집하려면 환경에 적응해야 했고, 이를 위해 뇌가 커졌다는 것이다. 이를 '생태지능' 가설이라고 한다. 두 번째는 사회적 관점에서 더 원만한 사회관계를 맺기 위해서라는 것이다. 인간이 뭉쳐 살면서 사회 규모가 커졌고, 그 결과 뇌를 쓰지 않으면 안 될 정도로 쓸 일이 많아졌다는 것이다.

그런데 2018년 5월에 두 가지 가설 중 생태지능 가설이 맞다는 연구 결과가《네이처》에 발표되었다. 워싱턴대학교 의과대학의 한 연구팀은 새로운 세대 게놈 해독 기술을 이용해 현생인류 두 명과 고릴라, 수마트라오랑우탄의 게놈 전체를 해독한 뒤 인류 뇌를 키우는 데 관여한 유전자를 밝혀냈다. 유인원의 뇌세포를 배양해 미니 뇌를 만든 뒤 어떤 유전자가 활동하는지를 인류와 비교한 결과, 대뇌피질 발달에 중요한 역할을 하는 '방사신경교세포'와 관련된 유전자들의 활성이 침팬지보다 인류가 41퍼센트나 낮다는 사실을 발견했다. 방사신경교세포의 역할은 뇌가 더 이상 커지지 않도록 '고삐'를 죄는 것인데 그러한 기능을 잃어버린 것이 인류 진화의 원동력이라고 한다.

뇌를 직접 키우는 유전자도 발견되었다. 미국 샌타크루즈 게놈학 연구소 연구 팀은 인간의 1번 염색체 위에 존재하는 NOTCH2NL이라는 유전자들이 방사신경교세포에서 특히 높은 활성을 보인다는 사실을 찾았다. 염색체에 이 유전자가 없으면 뇌가 작아지거나 조현병 증세를 보일 확률이 높아지고, 반대로 여러 개 있으면 뇌가 커지거나 자폐스펙트럼 장애에 걸릴 확률이 높아졌다.

연구 팀은 '인간은 침팬지와의 공통 조상과 갈라진 뒤인 약 300만~400만 년 전 이후 홀로 이 유전자를 얻었다'며 '방사신경교세포 양이 증가하며 대뇌피질의 뇌세포 수가 늘었고, 결국 뇌가 커질 수 있었다'고 결론 내렸다.

반면에 《사회적 뇌》를 쓴 신경과학자 매튜 D. 리버먼에 따르면 뇌의 기본적인 신경망과 사회 인지 신경망이 사실상 중첩된다. 그렇기에 인간은 틈만 나면 다른 사람과 자기 자신의 관계에 대해 생각하는 '사회 인지'에 몰입한다. 멍하게 있거나 아무것도 하지 않을 때 뇌는 대부분 자기 자신과 타인 등 '사람'에 대한 생각을 하고 이것이 대뇌화의 원인이라는 것이다.

한편으로는 사회관계를 맺고 협력하고 경쟁하는 것이 오히려 뇌 크기를 줄일 수 있다고 한다. 협력과 집단 간 경쟁은 다른 사람의 기술에 의존하게 해 에너지를 많이 쓰는 뇌에 투자할 필요를 없앤다며, 이는 많은 동물실험에서 밝혀진 사실이라고 한다. 실제로 구석기 말인 2만~3만 년 전 인류의 뇌 크기보다 현재의 뇌 크기가 남자는 10퍼센트, 여자는 17퍼센트 줄었다는 연구 결과가 1988년에 나왔지만 후속 연구가 발표되지 않아 사실 여부를 확신하기 어렵다.

양측의 주장에도 여전히 뇌가 필요 이상으로 커진 데 대해서는 명쾌한 답이 없는 것 같다. 다만 오랜 시간이 지나고 나면 다시 인간의 뇌는 커지거나 작아지는 방향으로 변화하리라는 사실만은 분명하다. 반드시 결정해야 한다면 나는 작아지는 쪽에 한 표를 행사하고 싶다.

# 가난한 사람은
# 사는 낙이 없다?

그리 즐겁지 않은 이야기를 하나 해볼까 한다. 사회적으로 지위가 낮은 집단에 있는 사람은 폭력, 경제적 쪼들림, 열등감과 패배감, 우울증과 불안 등의 특징을 지닌다. 이 집단은 상당히 많은 스트레스 요인을 안고 살아가며 그로 인해 약물 중독에 빠질 가능성도 높다. 사회 지위의 중요성을 나타내는 동물 연구가 있다. 네이더 등은 원숭이를 이용한 실험에서 사회 지위가 뇌의 도파민 시스템에 영향을 미치고 코카인 중독에 영향을 줄 수 있음을 보여주었다.

이들은 주로 동남아시아에 분포하며 꼬리가 매우 긴 게잡이원숭이 스무 마리를 1년 반 동안 개별 사육한 뒤 PET 장비를 이용해 도파민 D2 수용체 수준을 측정했다. 도파민 D2 수용체는 뇌에서 도파민을 받아들이는 다섯 수용체 중 하나인데, 바깥쪽 전전두피질의 도파민 농도가 증가하면 D2형 수용체의 활동이 왕성해져 새로운 정보들이 작업기억에 유입된다.

도파민 D2 수용체를 측정한 것은 이것이 중독 행위와 관련이 있기 때문이다. 연구진은 원숭이들이 홀로 지낼 때의 도파민 수용체 양을 측정한 후 원숭이들을 네 마리씩 다섯 그룹으로 나누고 몇 달을 같이 살도록 했다. 그사이 원숭이들은 자기들끼리 서열을 형성해 지배적 위치의 원숭이와 종속적 위치의 원숭이로 나뉘었다. 지배적 위치의 원숭이는 자기에게 복종하도록 다른 원숭이들에게 더 공격적으로 행동했고, 종속적 위치에 있는 원숭이에게 더 많이 털 손질을 받았다.

그렇게 몇 개월이 지난 후, 연구진은 도파민 D2 수용체 수준을 다시 PET 장비를 이용해 측정하고 코카인 자가 투여 행동도 같이 측정해 보았다. 그러자 재미있는 결과가 나타났다. 지배적 위치에 있는 원숭이의 뇌 안에서는 D2 수용체 수준이 전보다 22퍼센트나 증가했다. 하지만 종속적 위치에 있는 원숭이의 도파민 D2 수용체 수준은 변화가 없었다. 게다가 지배적 위치에 있는 원숭이는 종속적 위치에 있는 원숭이보다 코카인을 섭취한 양도 적었다.

인간 사회도 이와 크게 다를 바 없을 것이다. 원숭이는 물리적인 힘을 앞세워 서열을 가르지만 인간은 물리적 힘을 과시할 수 없으므로 사회 지위로 서열을 가르려고 한다. 그리고 그것이 사람들이 기를 쓰고 높은 자리에 오르려는 이유다. 실험에서 본 것처럼 높은 지위에 오르면 즐거움과 쾌락을 느끼게 해주는 도파민의 분비가 늘어나고,

그것을 수용할 수용체가 늘어남으로써 더욱 똑똑해지고 기분 좋은 상태를 유지한다. 반면에 낮은 지위에 있으면 아무리 기를 써도 도파민이 분비될 만한 일이 생기지 않으니 당연히 도파민 수용체가 늘어날 리 없고 현재 상태를 벗어날 수 없다.

그러다 보니 낮은 지위에 있는 사람은 쾌감을 느낄 만한 것을 주위에서 찾는데 가장 빠지기 쉬운 유혹이 약물이다. 외국이었으면 마약이 되겠지만, 한국에서는 술과 담배 같은 것이 그 자리를 대체할 것이다. 알코올 중독자 중에 가난한 사람이 많은 것도 이 때문이다.

성공한 사람들, 다시 말해 사회 지위가 높은 사람은 상대적으로 지위가 낮은 사람을 부리면서 다양한 측면에서 인생의 즐거움을 느낀다. 굳이 약물이 아니어도 쾌감을 느끼는 일이 널려 있다 보니 약물의 유혹에 빠질 필요가 없다. 물론 일반적 이야기다. 연예인, 재벌 2세 등 유명인들이 약물을 상습적으로 복용한다는 뉴스가 나오지만 그건 인성이 올바르지 못한 데다가 그만큼 주목받는 위치에 있기에 뉴스거리가 되는 것이다. 가난한 사람이 약물을 투여한다면? 글쎄, 어쩌다 짤막한 기사로 나오지 않을까. 이래저래 우울한 이야기가 아닐 수 없다.

# 성 소수자를 바라보는
# 바람직한 시각

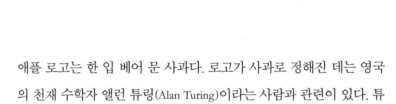

애플 로고는 한 입 베어 문 사과다. 로고가 사과로 정해진 데는 영국의 천재 수학자 앨런 튜링(Alan Turing)이라는 사람과 관련이 있다. 튜링은 제2차 세계대전 당시 빠른 속도로 연산할 수 있는 기계를 발명함으로써 독일군의 암호 체계인 에니그마를 해독하고 연합군이 승리를 거머쥐도록 공을 세운 사람이다. 그때 만들어진 연산 기계가 오늘날 컴퓨터의 시초가 되었다.

튜링은 동성애자였는데, 당시만 해도 동성애는 심각한 범죄행위였다. 교도소에서 복역하는 대신 호르몬 주사를 맞으며 연구를 계속하는 것을 택한 튜링은 2년 만에 스스로 목숨을 끊고 만다. 그때 책상 위에 한 입 베어 문 사과가 있었는데 이것이 바로 애플 로고가 된 튜링의 사과다. 스티브 잡스가 평소 존경하고 흠모하던 앨런 튜링의 정신을 기리고자 그가 남긴 사과를 로고로 선택한 것이다.

이 이야기를 꺼낸 것은 성에 대한 이야기를 하기 위해서다. 세상이 바뀌면서 자신의 성 정체성을 드러내는 사람이 많아졌다. 게이, 레즈비언, 양성애자 그리고 트랜스젠더 등 과거에는 생각할 수 없었던 편견의 벽을 무너뜨리고 용기 있게 세상에 나서는 사람들 말이다. 그럼에도 아직 상당수가 그들을 곱지 않은 시선으로 본다.

뇌과학의 관점에서 보면 그들은 피해자에 가깝다. 정자와 난자가 만나 수정이 이뤄지면 초기 6주 동안에는 생식기관이 분리되지 않는다. 수정체 안에 뮐러관과 볼프관이라는 여성과 남성, 두 개의 성 기관을 모두 포함한다. 6주가 지나면서 Y 염색체를 가진 태아는 테스토스테론의 영향을 받아 뮐러관은 퇴화되고 볼프관이 남성 생식기관으로 발달한다. Y 염색체가 없는 태아는 테스토스테론의 영향을 받지 않아 뮐러관이 여성 생식기관으로 발달한다. 모든 인간은 여성으로 갖춰진 상태에서 테스토스테론에 의해 남자와 여자로 분화되는 셈이다.

성에는 성 주체성, 성 정체성, 성 지향성이라는 것이 존재한다. 성 주체성은 성 염색체와 성기의 생김새로 결정하는 생물학적 성을 나타낸다. XX 염색체를 가졌고 노출된 생식기가 없으면 여자고, XY 염색체와 길게 튀어나온 생식기가 있으면 남자인 것이다. 성 정체성은 생물학적 성과 관계없이 자신의 성을 인식하는 심리적 성향을 말한다. 남성의 염색체와 성기를 가진 사람이 자신을 남자라고 여기고, 여성의 염색체와 성기를 가진 사람이 자신을 여자라고 생각하는 것이

보통이다. 이를 시스젠더라고 한다. 하지만 간혹 생물학적 성과 정신적 성이 일치하지 않는 사람도 있다. XY 염색체와 남성의 성기를 가졌음에도 자신을 여자라고 여기거나 그 반대의 경우다. 이를 트랜스젠더라고 한다. 성 지향성은 생물학적 성과 무관하게 감정적으로 혹은 성적으로 끌리는 정도를 말한다. 남자가 자신을 남성으로 인식하면서도 남자를 좋아하고, 여자가 자신을 여성으로 인식하지만 여자를 좋아할 수 있다.

대다수 사람은 성 주체성과 정체성, 지향성이 일치한다. 하지만 그렇지 않은 사람도 존재한다. 분명한 건 뇌가 그렇게 만든 것일 뿐, 취향이 독특하기 때문은 아니라는 것이다. 사람들은 그들을 향해 혐오스러운 눈길로 바라보고 손가락질하지만 사실 알고 보면 그들이 그렇게 된 것은 선천적으로 신경 배선이 잘못되었기 때문이다. 스스로 그 길을 택한 것이 아니고 타고난 운명이 그렇게 만든 것이다.

수정 이후 엄마 배 속에 머무는 40주 동안, 세포 성장과 함께 신경 회로가 만들어지고 그 회로들이 적절한 장소에 배치되며 호르몬 분비도 적합하게 이뤄진다. 모든 것이 자연의 섭리대로 진행되면 일반적인 사람으로 태어나지만, 만일 그 과정에서 조금이라도 오류가 생기면 다른 결과를 가져올 수 있다. A라는 장소에 연결되어야 할 신경 회로가 엉뚱하게 B라는 장소에 자리를 잡는 것이다. 또한 특정 호르몬이 부족하거나 과다하면 전혀 예기치 않은 결과가 일어날 수 있다.

성이라는 것도 그렇다. 그럼에도 많은 사람이 성 정체성과 지향성이 후천적 환경과 성격에 의해 만들어진다고 오해한다. 1965년에 캐나다에서 브루스와 브라이언이라는 남자 쌍둥이가 태어났다. 그중 브루스는 포경수술 도중 의사의 실수로 성기 대부분이 소실되었다. 충격을 받은 부모는 존 머니라는 의사를 찾아간다. 그는 성 역할과 정체성은 환경과 교육, 양육에 의해 충분히 바뀐다는 이론으로 성적 편견을 사회에 뿌리 깊게 내리는 데 혁혁한 공을 세운 사람이다. 성기를 잃어버린 브루스를 여성으로 키우는 게 낫다는 존 머니의 권유에 따라 부모는 22개월이 되었을 때 브루스의 남은 성기와 고환을 제거하고 이름도 브렌다로 바꾸었다.

하지만 브렌다의 성장 과정은 순탄하지 않았다. 또래의 여자아이들과는 달리 인형보다는 자동차와 비행기 등에 관심을 보였고 정적인 활동보다는 동적인 놀이에 더욱 관심을 나타냈다. 치마를 입는 것도 싫어했고 머리를 기르는 것도 싫어했다. 그렇게 심한 갈등에 휩싸여 지내다가 14세가 되던 해 남성으로 돌아가기로 결심했다. 이름을 데이비드로 바꾸고 남성호르몬 주사를 맞았다. 성인이 된 후에는 결혼도 했지만 2014년에 스스로 목숨을 끊고 만다.

비극적인 사례를 통해 성 정체성과 지향성은 외부 환경에 의해서가 아니라 선천적으로 타고난다는 것을 알 수 있다. 《정신질환의 진단 및 통계 편람(DSM)》에서는 동성애를 치료 대상으로 분류하지만 성 정체성과 지향성은 정신질환보다는 신경회로의 구성과 호르몬의 이상에 의한 특이 증상으로 보는 것이 더 옳을지도 모른다.

그렇다면 우리는 그들을 혐오스럽게 바라보기보다는 좀 더 넓은 마음으로 너그럽게 포용하고 받아들여야 한다. 사람마다 타고난 지능이 다르듯 성 정체성과 지향성도 다를 뿐이다. 어디 성뿐일까. 자폐증, 조현병, ADHD 등과 같은 각종 정신질환도 마찬가지다. 모두 스스로 선택한 것이 아니라 신경학적으로 그렇게 살아가도록 갖춰져 세상에 나왔을 뿐이다. 그러니 그들에게 눈살을 찌푸리는 것은 무척 잔인한 행동이다.

정상적인 뇌로 태어났다면 그것을 감사하게 생각하고 나와 다른 사람을 조금 더 이해 어린 눈길로 보고 포용하면 좋겠다. 그것이 공동체를 이루며 살아가는 현명한 방법 아닐까 싶다.

## CHAPTER 3

# 감정도 뇌가
# 설계한다

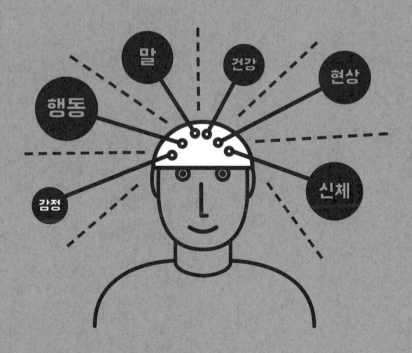

# 걱정이 많으면 왜
# 잠이 안 올까?

사람은 걱정이 많으면 쉽게 잠을 못 이룬다. 잠을 잘 자는 사람치고 걱정 많은 사람 없고, 걱정 많은 사람치고 잘 자는 사람이 없다. 왜 그럴까? 비밀은 바로 뇌에 있다. 스트레스를 받을 때 나오는 호르몬 코르티솔은 흥분한 스트레스 시스템을 안정시키는 속성이 있는데, 두 가지 수용체와 결합한다. 하나는 민감한 무기질코르티코이드 수용체(MR)고, 다른 하나는 둔감한 당질코르티코이드 수용체(GR)다. MR은 스트레스 시스템의 출력을 높이고, GR은 스트레스 시스템이 휴지 상태로 복귀할 때까지 출력을 낮춘다.

예를 들어, 놀이 기구인 자이로 드롭을 탄다고 해보자. 기구가 상승할 때부터 낙하해 안전하게 멈출 때까지 몸 안에서는 아드레날린과 코르티솔이 분수처럼 솟구쳐 나온다. 그러다가 기구가 안전하게 멈추고 몸의 흔들림도 진정되면 스트레스는 짜릿한 쾌감으로 바뀐다. 낙하하는 동안 솟구친 코르티솔이 스트레스 시스템을 신속하게 휴지 상태로 복귀시키고, 그 수치도 휴지 상태로 돌아오기 때문이다. 이때 코르티솔 수용체 중에서 민감한 MR이 활성화된다. 그래야 다음에 또 스트레스 상황이 되면 코르티솔을 받아들이기 때문이다.

MR이 활성화되면 장기 증강(long-term potentiation)이 일어나는데 신경세포 사이의 시냅스에서 신호가 강하게 전달된다. 이 말은 스트레스를 동반한 자이로 드롭이 수많은 세부 사항과 함께 장기기억 장소로 옮겨지고 해마와 편도체에서 경험이 다시 반복되면서 긍정적 경험과 지식으로 굳어진다는 뜻이다.

이번에는 불행하게도 자이로 드롭이 낙하하는 도중 기구가 고장 나는 바람에 중간에 멈춰 서서 한참 동안 공포에 시달렸다고 해보자. 솟구친 코르티솔은 멈출 줄 모르고 더욱 많이 분비된다. 그러면 코르티솔 수용체 중 둔감한 GR이 활성화된다. 스트레스 시스템을 휴지 상태로 돌려놓기 위해서다. 이때 시냅스에서는 신호가 약하게 전달되는데 이를 장기 저하(long-term depression)라고 한다. 이런 상태에서는 몸 안에 코르티솔 수치가 비교적 높게 유지된다.

코르티솔은 수면에도 영향을 미치는데 불면증을 유발하고 자는 도중 잠에서 깨게 하여 숙면을 방해한다. 걱정을 떨쳐버리지 못하면 잠이 오지 않는 것이 어쩌면 당연한 이야기다.

GR이 상승하면 단순히 시냅스 신호가 약해지는 것뿐만 아니라 기억 내용이 지워지거나 그 내용에 접근하는 길이 봉쇄당할 수도 있다. 충격으로 기억상실증에 걸리는 것이 바로 이러한 이유다. 최악의 경우에는 GR이 신경세포를 죽여버리는 '세포사'가 일어나기도 한다. 뇌는 쓸모없다고 판단된 신경세포를 죽이는데 GR이 많아지면 이러한 오류가 발생하는 것이다.

걱정이 많아지면 이렇듯 호르몬 체계에 불균형이 일어나고 이로 인해 불면증과 같은 질환과 신경과민, 짜증, 우울 등 정서 변화가 따라온다. 걱정이 만성으로 이어지면 신체적, 정신적으로 바람직하지 않은 결과를 가져오기도 한다.

현실 상황을 무시한 채 마냥 긍정적인 감정만으로 살 수는 없겠지만 걱정한다고 해서 걱정거리가 사라지는 것은 아니다. 뇌의 생각 회로는 한번 부정적인 생각에 빠져들면 쉽게 나오지 못하도록 설계되어 있다. 점점 더 나쁜 길을 걷게 되는 것이다. 그러므로 걱정거리가 생겼을 때는 서둘러 원인에서 벗어나오려고 해야 한다. 생각을 곱씹으며 걱정을 키우기보다는 차라리 현실적인 대책을 찾아내고 그것에 집중함으로써 걱정을 떨쳐버리는 것이 더욱 바람직하다.

# 나는 내 감정 상태를
# 잘 알고 있을까?

가끔 타인과 대화를 나누다 보면 "왜 그렇게 짜증을 내?" 또는 "무섭게 정색을 하고 그래?"라는 말을 들을 때가 있다. 그러면 "내가? 짜증 낸 적 없는데?"라거나 "언제 정색을 했어?"라며 반문하곤 한다. 혹시 그런 경험이 있는가? 만일 꽤 자주 있다면 '자기인식'이 낮은 것이다.

자기인식이란 자신이 느끼는 감정을 스스로 인식하는 것을 말한다. 자기인식이 뛰어난 사람은 현재 자신의 감정 상태가 어떤지 충분히 말로 표현할 수 있다. 하지만 그렇지 못한 사람은 다른 사람에게 퉁명스럽게 대하면서도 스스로 그것을 느끼지 못하고, 지적받으면 자신이 언제 그랬냐며 부인하는 경우가 많다. 게다가 자기인식이 뛰어난 사람은 자기 몸 안에서 일어나는 심장 박동과 혈류 흐름, 각종 장기 상태의 변화 등에 예민하다. 자기인식이 뒤처진 사람은 그러한 것을 잘 알아채지 못한다. 더 이상 견딜 수 없는 상태가 되어서야 겨우 눈치를 챈다.

이쯤에서 테스트를 한번 하고 넘어가 보자. 옆 사람에게 나의 손목을 잡고 30초 동안 맥을 체크하게 한 후 조용히 자신의 맥박이 몇 회나 뛰는지 세어본다. 물론 순전히 감각으로만 말이다. 그 후에 자신이 센 횟수와 실제로 옆에서 맥박을 짚은 사람이 센 횟수를 비교해 본다. 횟수가 일치할수록 자기인식이 뛰어난 사람이고 차이가 큰 사람일수록 떨어지는 사람이다. 자기인식이 뛰어난 사람은 각종 설문조사에서 자신에 대해 객관적 시각으로 답함으로써 마치 다른 사람이 보듯 자신을 평가하지만, 떨어지는 사람은 자신을 실제보다 높게 혹은 낮게 평가하는 경향이 있다.

자기인식은 뇌섬엽에서 일어난다. 뇌섬엽은 측두엽과 전두엽 사이에 있으며 내장 기관으로부터 신호를 받는다. 온몸에 분포된 감각 수용기와 자율신경의 감각을 받아들이고 이를 전두엽에 연결함으로써 판단에 반영하도록 하는 역할을 한다. 심장을 빨리 뛰게 하고 허파가 더 빨리 숨을 들이켜도록 지시하는 등 목 아래에 있는 내장 기관을 관장하는 뇌 영역이다. 또한 두려움을 느낄 때 심장이 고동치거나 화가 났을 때 얼굴색이 붉어지는 것은 뇌섬엽의 역할이다. 물론 여기에는 체감각피질도 관여한다.

그리고 뇌섬엽은 신뢰와 불신, 공감과 경멸, 역겨움, 죄의식과 용서 등 도덕적 판단에도 관여하기에 인간다움을 만들어내는 데 중요한 역할을 담당한다. N번방 사건을 보면서 역겨움을 느끼는 것도 뇌섬엽의 역할이며 나이 든 노인이 사기에 쉽게 넘어가는 것도 뇌섬엽 노화로 인한 것이다. 또한 뇌섬엽은 공정성을 모니터링하고 대응하도록 한다. 예를 들어 신뢰 게임에서 제안이 공정하면 보상회로가 가동되지만, 불공정하면 뇌섬엽이 활성화된다. 육체적 또는 정신적 고통을 느낄 때 활성화되기도 한다.

참고로 명품 가방을 보여주면 쾌락과 보상을 담당하는 측좌핵이 활성화되지만 가격만 보여주면 뇌섬엽이 활성화된다고 한다. 명품 자체만으로 즐거움을 느끼지만 가격을 알고 나면 살 수 없다는 생각에 고통을 느낀다고 생각하면 될까? 그런데 만일 명품 가방과 가격을 동시에 보여주면 어떻게 될까? 그때는 전두엽이 활성화된다. 명품 가방과 가격을 두고 가치를 저울질하는 것이라 할 수 있다.

다시 말해, 뇌섬엽 기능이 떨어지는 사람은 자기인식 능력이 부족하고 자신의 감정을 느끼는 데 무디다. 자신이 화가 나는지, 슬픈지, 질투가 나는지, 두려움을 느끼는지 파악하기 힘들고 감정 표현도 서투를 수밖에 없다. 반면에 뇌섬엽 기능이 뛰어나 자기인식 능력이 높은 사람은 자신의 생각과 감정을 정확하게 인식하고, 생각과 감정이 신체에 미치는 반응과 메시지를 잘 알아챈다. 자신이 느낀 것처럼 타인에게 감정이입을 하는 능력도 뛰어나고 가까운 사람과 언쟁을 벌일 때도 불필요한 오해가 생기지 않도록 처신한다.

단점이라면 타인의 불안과 슬픔에 지나치게 감정이입을 하므로 코르티솔이나 에피네프린(아드레날린)의 증가로 혈압과 심박수가 증가한다는 것이다. 이것이 바로 간호사, 상담사, 치료사, 사회 복지사 등이 감정적으로 힘들어하고 에너지를 소진하는 이유다.

# 귀여운 것에 왜
# 유독 마음이 약해질까?

인스타그램과 페이스북, 유튜브 등 SNS를 보면 귀여운 아기와 동물의 모습을 쉽게 볼 수 있다. SNS의 종류를 가리지 않고 귀여운 모습이 넘쳐난다. 이는 사람들이 귀여운 아기, 강아지, 고양이 등을 보면 참기 힘들어하기 때문이 아닐까 싶다.

말똥말똥하게 뜬 둥글고 큰 눈, 큰 머리와 얼굴의 반이나 차지하는 이마, 작은 코와 앙증맞은 턱, 토실토실한 볼 등 아기와 동물의 모습을 볼 때면 흐뭇한 미소가 지어진다. 이런 심정을 '심장을 쿵 하고 울린다'는 뜻으로 '심쿵'으로 표현하기도 한다. 나 역시 귀여운 아기와 동물을 보면 마음이 끌리곤 한다. 그렇다면 사람들은 왜 귀여운 것에 끌릴까? 왜 귀여운 것만 보면 마음이 약해질까?

미국 국립 아동건강 및 인간발달 연구소의 마크 본스타인(Marc H. Bornstein)과 옥스퍼드대학교의 캐서린 알렉산더(Catherine Alexander)의 연구에 따르면 귀여움은 순수한 시각적 인지 이상의 반응을 뇌에서 유발한다. 시각적 외모뿐만 아니라 자지러지는 웃음소리와 기분 좋은 냄새, 보들보들한 피부와 통통한 팔다리 등 아기와 어린 동물에게 있는 특징들은 청각과 후각, 촉각 등 모든 감각을 포함해 빠른 뇌활동을 촉발해 사람의 주의를 강하게 끌어들인다는 것이다. 아기와 어린 동물은 생존을 위해서는 끊임없는 관심과 보살핌이 필요한데 이러한 특징들이 성인과 성체로 하여금 관심과 보살핌을 갖게 한다.

뇌가 작동하는 방식에 따르면, 사람들이 귀여운 것을 보았을 때 뇌는 그것을 처리해야 할 모든 일 중 가장 앞자리에 놓는다. 그로 인해 뇌에 우선적으로 인식되어 그것을 무시하고 다른 일에 집중할 수 없는 것이다.

뇌 안에서 귀여움을 담당하는 영역은 감정의 뇌인 변연계 안에 자리 잡고 있다. 귀여움은 감정과 보상을 담당하는 뇌의 네트워크를 활성화하고 공감과 연민을 유발한다. 과학자들이 영상 촬영을 통해 확인한 바에 따르면, 아기와 강아지처럼 귀여운 대상을 볼 경우 감정이나 쾌감과 관련된 눈 바로 위쪽의 안와전두피질의 영역에서 뇌 활동이 빨라진다. 귀여운 아기 얼굴을 볼 때 뇌 변화를 영상으로 관찰하면 안와전두피질이 0.14초 만에 매우 빠르게 활성화된다고 한다. 귀여운 것을 보면 빠르게 주의를 빼앗기는 것도 바로 이 때문이다.

하지만 한번 주의를 끌고 나면 반응은 서서히 지속되며 뇌 안의 네트워크에서 더 느리고 지속적으로 처리되도록 한다. 즉 빠르게 끓고 식는 양은 냄비 같은 반응이 아니라 빠르게 주의를 끌어당기고 천천히 반응을 유지함으로써 관심과 보살핌이 오랫동안 지속되도록 만든다는 것이다.

사람이나 동물이나 아기를 키우기 위해서는 학습을 통한 노하우 습득이 필요하다. 이러한 노하우는 하루 아침에 습득할 수 없으므로 오랜 기간 느린 학습으로 뇌를 변화시킨다는 것이다. 또한 귀여움은 공감과 연민을 유발함으로써 사회관계를 높일 수 있다. 예를 들어, 자선단체와 구호단체에서 귀여운 아기나 어린 동물의 이미지를 활용하면 더 많은 사람이 참여하고 기부한다고 한다.

그런데 가끔 너무 귀여운 모습을 보면 자신도 모르게 으스러지게 껴안고 싶다는 생각이 들 때가 있지 않은가? 어떤 사람은 아이의 볼을 꼬집어보거나 아기 동물의 몸을 붙잡고 흔들어대기도 한다. 어떨 때는 너무 귀여워서 깨물어 주고 싶은 생각이 들기도 한다. 왜 귀여운데 꼬집거나 깨물고 싶다 생각할까?

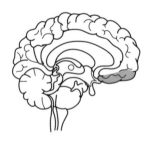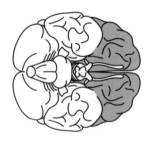

귀여운 대상을 보면 활발하게 활동하는 안와전두피질

캘리포니아대학교 리버사이드캠퍼스의 교수 캐서린 스타브로폴로스(Katherine Stavropoulos)에 따르면 '지나치게 귀여움에 중독'될 경우 '귀여움 공격성(cute aggression)'이라는 것이 나타난다. 성인 중 반정도가 귀여운 것을 볼 때 '으스러지도록' 껴안거나 '한 대 쥐어박고 싶다'거나 '부서뜨리고 싶다'는 등 공격적인 감정을 나타내는데, 그것이 '귀여움 공격성'이다.

이러한 감정은 실제로 귀여운 대상에 해를 입히려는 것이 아니라 지나치게 긍정적인 감정에 압도되어 나타나는 비자발적 반응이다. 즉 긍정적 감정의 왜곡인 것이다. 이 역시 보상중추에서 유발된다는데 자세한 메커니즘은 아직 밝혀지지 않았다.

# 사람을 닮은 로봇을 보면
# 기분이 나쁜 이유

로봇에 대한 연구가 진행된 지가 꽤 오래되어 기술이 발달하면서 로 봇의 움직임과 표현이 점점 더 정교해졌다. 그러다 보니 사람의 형 체를 본떠 만든 로봇도 등장했는데 가끔은 지나치게 사람을 닮은 로 봇을 보면서 징그럽거나 혐오스러움을 느낄 때가 있다. 일본의 이 시구로 히로시(石黑浩) 박사가 쌍둥이처럼 만든 로봇 '제미노이드 (Geminoid)'를 보면 역겨움이 느껴지기도 한다. 귀여운 모습의 동물 로 봇과 휴머노이드(팔다리가 달린 로봇)를 보면서는 느끼지 못한 불쾌함 이 솟아오르는데 왜 그런 걸까?

로봇과학자였던 모리 마사히로(森 政弘)는 사람과 닮은 로봇을 볼 때 느끼는 불쾌한 감정에 대해 '불쾌한 골짜기(uncanny valley)'라는 이름을 붙였다. 인간이 아닌 어떤 것이 인간 모습을 닮으면 어느 정도 수준까지는 호감도가 증가한다. 예를 들어 영화 〈스타워즈: 깨어난 포스〉에 나오는 원통 모양의 바퀴 달린 로봇 알투-디투보다는 인간 모습에 조금 더 가까운, 두 발로 걷는 시-스리피오에 더 많은 호감을 느끼는 것이다. 인간은 자신을 닮은 것에 호감을 느끼는 경향이 있기 때문이다. 하지만 인간을 닮은 정도가 일정 수준을 넘어서면 오히려 호감보다는 불쾌감을 받는다.

영국과 독일의 공동 연구 팀은 시각피질에서 불쾌한 골짜기를 담당하는 영역을 찾아냈는데 사람 얼굴을 해석하는 데 특화된 곳이었다. 연구 팀은 피험자 21명에게 살아 있는 사람, 마네킹, 산업용 로봇, 휴머노이드, 안드로이드(인조인간) 등 다양한 물체를 보여주고 사람과 얼마나 닮았는지 유사성을 평가하고 그 느낌을 적어달라고 했다. 그리고 그때의 뇌 변화를 fMRI로 관찰했다. 그 결과 산업용 로봇에서 마네킹, 휴머노이드로 대상 물체가 사람과 점점 닮을수록 친근감을 느끼다가 안드로이드처럼 사람과 가장 흡사한 물체를 볼 때는 오히려 불쾌감을 느끼는 것을 밝혀냈다.

2015년에 진행된 또 다른 실험에서 미국 UC샌프란시스코 연구진은 얼굴만 나온 사진 80장을 사람들에게 보여주며 투자하고 싶은 로봇 하나를 선택하라고 요구했다. 그러자 로봇 외모가 사람과 어느 정도 비슷할 때까지는 호감도가 높아졌지만 지나치게 닮을 경우 오히려 거부감이 생겼다. 이러한 현상은 비단 로봇에만 적용되는 것은 아니며 애니메이션과 3D 게임 등에서도 동일하게 나타난다. 마치 실제 사람을 보는 것같이 심한 입체감, 또렷하게 보이는 눈동자, 미세한 얼굴 근육과 털의 움직임 등이 보는 사람으로 하여금 '흠칫'하게 하며 불쾌한 감정을 이끌어낸다. 이것이 흥행에 실패하게 만드는 요인이 되기도 한다.

이에 대해 이시구로 히로시 박사는 예측 오류(prediction error) 이론을 제기한다. 뼈대만 갖춘 로봇, 인간을 닮은 로봇, 실제 사람이 손을 흔들고 고개를 가로젖고, 물을 마시고 탁자를 닦는 등의 모습을 담은 영상을 20명에게 보여주면서 뇌 변화를 촬영했다. 그러자 뼈대가 없는 로봇과 실제 사람의 움직임을 볼 때는 시각피질 위주로 동일한 부위가 활성화되었지만, 사람을 닮은 로봇을 볼 때는 더 광범위한 뇌 영역들이 활성화되었다. 이는 눈으로 보는 대상의 외형과 움직임이 주

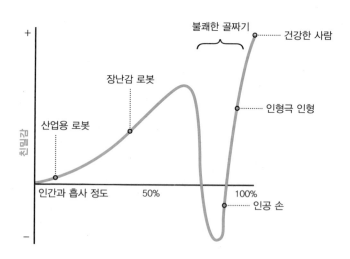

는 정보가 충돌하면서 예측 오류가 발생하기 때문이다.

뇌의 입장에서 로봇이 로봇처럼 움직이고, 사람이 사람처럼 움직이면 문제가 없다. 당연하다고 여기기 때문이다. 하지만 외형적으로 인간을 꼭 닮은 대상이 인간과 다르게 움직이면 뇌는 혼란을 느끼는 것이다. 그러다 보니 더 많은 정보를 얻기 위해 더 많은 뇌 부위가 움직이는 것이다.

아헨공과대학교의 아스트리드 로젠탈 본데르푸텐(Astrid Rosenthal-von der Pütten) 교수는 뇌의 활성도를 관찰함으로써 내측 전전두피질의 두 영역이 활성화되는 것을 밝혀냈다. 하나의 영역은 바라보는 대상이 사람 얼굴인지 아닌지 판단하는 것이다. 이 영역은 피험자가 바라본 물체가 사람의 형상에 가까울수록 활성화되었다. 다른 영역은 뇌가 호감도를 느끼는 것이다. 산업용 로봇과 마네킹, 휴머노이드 등처럼 사람과 닮을수록 이 영역이 활성화되었지만, 안드로이드처럼 사람과 매우 흡사한 것을 봤을 때는 오히려 활동이 억제되었다.

연구 팀은 두 영역이 불쾌한 골짜기에 관여한다고 보았다. 편도체 활성화도 관찰한 결과, 사람에 따라 불쾌한 골짜기 현상의 정도가 다르다는 것을 확인했다. 어떤 사람은 사람과 꼭 닮은 로봇을 보면 심한 불쾌감을 느끼지만 어떤 사람은 그 정도까지는 아니라는 것이다.

기술이 발달하면서 로봇은 외형과 동작이 점점 인간과 흡사해질 것이다. 어쩌면 실제 사람과 로봇을 구분하지 못할 날이 올지도 모른다. 하지만 기술 변화가 로봇과 인간 간에 심리적 거리감을 만들어내는 요인이 되지 않을까 싶다. 부디 그런 날은 오지 않았으면 한다.

# 강박감과 자책감,
# 그리고 중독

'통제 착각'이라는 심리학 용어가 있다. 자신이나 주위 사람에게 비극적인 일이 벌어졌을 때 '내가 ~했었다면 이런 일이 일어나지 않았을 텐데'라고 생각하는 경향을 말한다. 하지만 막거나 통제할 수 있으리라고 생각하는 것은 착각에 불과하다. 실제로 상황을 통제할 수 있을지 아닌지는 결과가 나와봐야만 안다. 비극이 생긴 이유를 설명하고 원인 제공자를 찾아내려는 뇌의 기본 욕구 때문에 우리는 자신이 그 일에 아무런 책임도 없다는 사실을 잘 납득하지 못한다.

인간 뇌는 어떤 일이든 분명한 원인을 찾으려는 성향이 있다. 원인이 분명하지 않은 상황에서도 어떤 식으로든 확실한 원인을 찾아내려는 것이 뇌의 기본 성향이다. 그러다 보니 실제로 존재하지 않는 인과관계로 빈칸을 채우려는 시도를 하기도 한다. 그런데 '왜'에 대한 설명, 즉 원인이 충분하지 못하면 인생에서 일어날 수 있는 무작위의 힘이 강조된다.

우선은 사건이 일어나면 원인을 주위에서 찾는다. 그러다 보면 '누구 때문이지?'라며 주위 사람을 원망하거나 원한을 품는다. 주위 사람과의 인과관계가 명확하지 않은 경우에도 그 사람의 잘못으로 돌리고 원망하는 경우가 많다. 하지만 끝내 원인을 찾을 수 없을 때는 그 잘못이 자신을 향해 돌아온다. 그것이 바로 자책감이자 죄책감이다. 아무리 주위를 둘러봐도 확실한 원인을 찾을 수 없으니 잘못의 원인이 자신에게 있는 것처럼 느낀다.

강박감이 강한 사람은 이런 감정을 잘 잊지 못한다. 이미 지나간 일임에도 집착하고 원인을 제공했다고 생각되는 사람을 용서하지 못하며, 시간이 아주 많이 지난 후에도 종종 과거를 떠올리며 복수하고 싶은 마음에 시달린다. 대상피질(대상회) 부위가 과도하게 활성화된 사람은 그러한 증상에 시달릴 수 있다. 대상회는 변연계 바깥 부분에서 대뇌피질을 연결하는 부위에 있는 신경다발을 일컫는다. 이러한 사람은 무언가에 깊이 빠질 경우 중독으로까지 발전할 수 있다.

안 좋은 일이 일어났을 때 원인을 보이지 않는 어떤 힘에서 찾으려는 경향도 있다. 예를 들어 외할머니가 세상을 떠난 날, 멀쩡하던 안경이 쩽 하고 금이 갔다. 이후 20여 년이 지난 어느 날, 안경을 닦는 도중 갑자기 멀쩡하던 안경테의 한가운데가 똑 부러지고 말았다. 순식간에 안경이 두 동강이 났는데 그날 늦게 대학 동기가 산행 중 심장

마비로 유명을 달리했다는 소식을 들었다.

안경이 부러진 것과 주위 사람이 죽은 것 사이에는 아무런 연관관계도 없다. 하지만 뇌는 이런 경우에조차 초월적인 힘을 빌려 그것을 설명하려고 한다. 뇌는 지극히 일상적인 상황에서도 패턴을 찾아내고 그 패턴을 연결해 의미를 도출하려고 한다. 즉 안경이 깨지거나 부러지는 것은 주위 사람의 죽음을 알려주는 계시 같은 것이다는 생각을 가진다. 결국 이것이 샤머니즘, 즉 사람들이 미신에 빠지는 이유기도 하다. 멀쩡하던 컵이 깨지거나 접시에 금이 가기라도 하면 많은 사람이 혹시나 안 좋은 일이 생기지나 않을까 불안해하지만, 결국 이것도 보이지 않는 힘에서 원인을 찾아내려는 단순한 뇌 현상에 불과할 뿐이다.

이는 심리학에서 말하는 클러스터 착각(clustering illusion)이다. 말 그대로 '집합적인 것이 만들어낸 환상'이라는 의미로, 동일한 사건 혹은 유사한 사건이 연속해서 일어나면 사건들에서 어떤 연결고리를 만들려는 현상을 가리킨다. 그런데 과학적으로 설명하기 어려운 상황이 되면 초자연적인 힘을 빌릴 수밖에 없고 결국은 그러한 것들이 미신으로 발전한다.

# 글쎄,
# 그건 착각이라니까

간절하게 가지고 싶던 물건이 있는데 그동안 너무 비싸다는 이유로 못 사고 있었다고 해보자. 그런데 어느 날 그 물건을 50퍼센트 할인된 가격으로 판매한다는 광고를 보았다면 아마도 단숨에 달려가 살 것이다.

간절히 원하던 물건을 큰 폭으로 할인된 가격에 사면 대부분 사람은 짜릿한 희열을 느낀다. 마치 복권에 당첨되거나 좋아하는 연예인을 만났을 때 나타나는 증상과 비슷한데, 이렇듯 간절히 바라던 물건을 손에 넣을 때 뇌 앞쪽 부위에서는 고도의 각성 상태일 때 나타나는 고주파의 베타파가 방출된다. 심장 박동은 분당 70회에서 120회 이상으로 급격히 증가하고 피부전도, 즉 피부에서의 혈류 흐름도 빨라진다. 이는 교감신경이 활성화되었음을 나타낸다.

강렬히 원하던 물건을 손에 넣을 때 그 물건에 대한 애착은 더욱 강해진다. 경쟁이 치열한 세일과 경매에서 자신이 원하는 물건을 손에 쥐었을 때도 애착은 강해진다. 이는 일종의 오귀인(誤歸因) 효과다. 내부 감성이 각성되었을 때 실제로 각성을 야기한 상황에서 다른 물건이나 사람으로 전이되는 것을 말한다. 쉽게 말해 원인을 잘못 짚는다는 뜻이다.

오귀인 효과의 예로 다음과 같은 것들이 있다. 연인들이 첫 번째 데이트에서 롤러코스터를 타거나 공포영화를 보면 서로에게 훨씬 더 매력을 느끼게 된다. 신체가 긴장해 심장이 쿵쾅거리고 아드레날린을 분출하는데 이때 짜릿한 흥분이 들기 때문이다. 그것을 모르고 상대방이 옆에 있어서 가슴이 떨리는 느낌을 받는 것으로 착각한다. 즉 자신이 흥분을 느끼는 원인을 잘못 아는, 한마디로 말하면 착각이라는 뜻이다.

비슷한 것으로 흔들다리 효과가 있다. 계곡 위를 가로지르는 높은 흔들다리 위에 있으면 떨어질까 무서워 심장이 두근거리고 호흡이 가빠진다. 이때 반대편에 이성이 있으면 자신이 '이 사람을 좋아해서 심장이 두근거린다'고 착각할 수 있다. 이처럼 신체에서 일어나는 반응의 원인을 엉뚱한 것으로 추정한다.

오귀인 효과로 남자들이 많이 하는 잘못 중 하나가 '긍정 오류'다. 한때 114로 전화를 걸면 "사랑합니다, 고객님"이라는 멘트가 나온 적이 있었다. 흔히 접하는 의미 없는 멘트라는 것을 누구나 알지만 혹시라도 술을 마셨거나 기분이 울적한 상황에서는 낭랑한 목소리로 '사랑한다'고 하면 그것을 잘못 받아들일 수 있다. '진짜로 나를 사랑한다는 건가?'라고 말이다.

알고 지내는 여자가 나한테 잘 해주는 경우에도 긍정 오류는 발생한다. 상대방 여자는 아무 의미 없이 친절하게 대한 것뿐인데 그걸 오해하고 '이 여자가 왜 나한테 잘 해주지? 날 좋아하는 게 틀림없어'라고 생각하며 속으로 끙끙 앓는 것이다. 그런 것들 역시 폭넓은 의미에서 오귀인, 즉 원인을 잘못 찾은 것이다.

긍정 오류가 있다면 '부정 오류'도 있지 않을까? 그렇다. 남자가 아무 의미 없이 차 한잔하자고 할 때, 여자는 자신을 좋아하는 것으로 여기고 '싫다'는 거부 의사를 밝히는 것이 부정 오류다. 세상은 모두 착각 속에 살아가는 것인가 보다.

# 나이 들면 왜
# 이타심이 적어질까?

동네에 누구나 이용할 수 있는 공공 체육 시설이 있다. 수영부터 골프, 검도, 스쿼시까지 다양한 강습이 있는 데다 비용까지 저렴해서 이용하는 사람이 꽤 많은 편이다. 나 역시 한동안 그 시설에 있는 수영장을 갔다. 나이를 먹다 보니 강습을 따라가기가 힘들어 주로 강습 없이 마음대로 수영할 수 있는 자유 수영 시간을 택하곤 했는데 강습에 밀려 시간이 오전과 오후 두 차례밖에 없었다.

그런데 자유 수영 시간이 되면 터줏대감 같은 노인들이 있다. 모든 레인마다 노인들이 자리를 잡고 뒷사람들이 움직이지 못하도록 느릿느릿 자기 속도에 맞춰 수영하는 것이다. 앞으로 나가고 싶어도 워낙 속도가 느리다 보니 젊은 사람들은 마음껏 속도를 낼 수가 없다.

문제는 노인들이 텃세를 부린다는 것이다. 속도가 느린 사람끼리 별도의 레인을 차지하고 자신의 속도에 맞춰 수영을 즐기면 좋으련만 숙련된 사람들이 이용하는 레인까지 차지하고 방해한다. 게다가 젊은 사람들이 수영하다 물이라도 튀기면 혼을 내기까지 한다. 옆 레인으로 옮겨달라고 하면 나이 먹은 것이 한심하게 느껴질 정도로 욕을 날린다. 이로 인해 젊은 사람과 노인 간의 갈등이 빈번하게 발생하고 젊은 사람은 노인들의 등쌀에 밀려 수영장을 떠난다.

도대체 왜 이럴까? 누가 봐도 본인의 잘못이 분명한데 왜 노인들은 이렇게 심술을 부릴까? 양보하면 더 많은 사람이 수영을 자유롭게 즐길 텐데 자신만 편하자고 이기적으로 행동할까? 영국의 골드스미스런던대학교 연구진이 만 17세부터 95세 사이의 남녀 60명을 대상으로 실험한 결과 나이가 든 사람일수록 다른 사람의 감정과 의도를 파악하지 못할 가능성이 큰 것으로 나타났다.

연구진은 피험자들에게 두 연설자가 반복해서 등장하는 영상을 보여주었다. 그 후 각 연설자의 언행에서 속임수나 설득 같은 의도를 파악해 달라고 했다. 그러자 나이가 많은 사람일수록 의도를 파악하지 못해서 점수가 떨어지는 것으로 나타났다. 결국 나이가 들수록 다른 사람이 무엇을 원하고 자신에게 무엇을 요구하는지 이해하는 사회적 능력이 떨어진다는 것이다. 자신이 홀로 레인을 차지하면 자신은 편해도 다른 사람은 불편할 수 있다는 사실을 눈치채거나 이해하지 못하는 것이다. 나이와 인지적 공감 능력은 반비례하는 셈이다.

그렇다면 모든 사람이 그럴까? 그렇지 않다. 이 연구에서는 무작위로 주어진 숫자와 문자를 회상하는 기억력 검사도 병행되었는데 여기에서 높은 점수를 받은 사람은 연설자 의도를 파악하는 실험에서 높은 점수를 받았다. 기억력이 높을수록 마음 읽기와 공감 능력이 뛰어나다는 것이다.

기억력과 공감 능력이 관련이 있다니 선뜻 이해하기 어렵다. 하지만 실험에서 수행된 기억력은 전전두엽에서 관장하는 작업기억이고, 점수에 따라 전전두엽의 노화 정도가 다를 것이다. 점수가 높은 사람은 전전두엽의 노화가 덜 심한 것이고, 점수가 낮은 사람은 상대적으로 심할 것이다. 그런데 누군가를 도와주거나 이기적인 행동을 피하도록 하는 데는 주로 전두엽이 관여한다. 그러므로 전두엽이 노화되어 기능이 현저히 떨어지면 다른 사람을 생각하기보다는 자기 편한 대로 행동할 가능성이 높다.

심술궂은 노인이 되지 않기 위해서라도 전두엽의 기능이 저하되지 않도록 꾸준히 노력할 필요가 있다. 책을 읽으면서 내용을 떠올리려고 하고, 글을 쓰면서 논리적 구조를 맞추고, 간단한 의사 결정을 내리는 연습 등은 전두엽의 기능을 유지하는 데 큰 도움이 된다. 이런 것이 어렵다면 기억력을 향상할 수 있는 카드 뒤집기 게임, 초성으로만 이뤄진 문장을 보고 전체 문장 완성하기, 가볍게 화투 치기 등의 활동은 부족하지만 나름 전두엽의 기능이 저하하지 않도록 하는 데 도움을 준다.

# 암암리에 뇌 속에
# 자리 잡고 있는 편견

당신은 누군가와 논쟁할 때 자신이 절대적으로 옳다고 생각하는가, 아니면 '틀릴' 수도 있다고 생각하는가? 대다수 사람은 자신의 생각을 쉽게 굽히지 않는다. 자신은 늘 공정하게 생각하고 판단한다고 믿기 때문이다. 하지만 알고 보면 인간은 편견으로 똘똘 뭉친 덩어리다. 인간이 편견 덩어리라는 것을 증명하는 실험 결과는 수도 없이 많다. 그런데 어떤 것은 노골적으로 드러나지만 어떤 것은 겉으로 드러나지 않게 뇌 속에 고정되어 있기도 하다. 대부분이 이러한 편견에 빠져 산다.

예를 들어 마틴 루터 킹 목사의 후계자를 자처하며 흑인과 소수인종, 정치범, 성희롱 문제 등에서 활약하는 흑인 인권운동가 제시 잭슨

(Jesse Jackson)은 길을 걷다 자신을 뒤따라오는 발자국 소리를 듣고 노상강도라는 의심이 들었다고 한다. 그런데 그때 뒤를 돌아보고 뒤따라오던 사람이 백인인 것을 알고 안심했다고 고백한 적이 있다. 물론 그때 느낀 자괴감과 함께 말이다.

한 실험에서는 유치원에 다니는 백인 아이들에게 화난 얼굴을 보여주고 색을 칠하라고 했다. 그러자 아이들은 흰색보다 검은색을 더 많이 칠했다. 물론 다 그렇진 않지만 검은색을 칠한 아이들이 압도적으로 많았다. 반면에 행복한 얼굴을 주고 색을 칠하라고 하자 대부분 흰색으로 칠했다. 두 사례 모두 '흑인은 나쁜 사람, 백인은 좋은 사람'이라는 편견이 담긴 것이라고 할 수 있다.

이러한 편견은 뇌의 가용 방식에서 비롯된다. 뇌는 기본적으로 인풋 대비 아웃풋, 즉 효율을 가장 우선시하는 신체 기관이다. 적은 에너지를 이용해 가급적 많은 정보를 처리하려고 한다. 에너지를 적게 쓰면서 많은 정보를 처리하는 방법은 단 하나밖에 없다. '대충' 하는 것이다. 자신이 가진 지식과 경험, 그리고 주위에서 환경적으로 심어준 인식 등을 바탕으로 사고의 지름길을 택하는 것이다.

지름길을 택하는 방법 중 하나가 사고를 패턴화하는 것이다. 다시 말해 통계적으로 보면 범죄자 중에는 흑인이 많으니 '흑인=나쁜 사람'이고 범죄자를 잡는 경찰관은 백인이 많으니 '백인=좋은 사람'이라는 패턴을 머릿속에 각인한다. 그 이후부터는 자세한 정보를 보지 않아도 흑인은 나쁜 사람이고 백인은 좋은 사람이라는 인식이 자리 잡는 것이다. 이것이 편견이다.

한 실험에서 총과 지갑, 전화기를 들고 있는 100명의 사진을 볼 수 있도록 컴퓨터 게임을 만든 후 피험자들을 모집했다. 연구진은 피험자들에게 총을 든 사람이 화면에 튀어나오면 되도록 빨리 발사 버튼을 누르라고 했다. 이때 튀어나오는 사람은 백인일 수도, 흑인일 수도 있었다. 실험 결과 백인보다 흑인을 향해 총을 쏘는 피험자가 압도적으로 많았다. 흑인들이 총 대신 지갑이나 전화기를 들고 있었음에도 말이다.

이처럼 뇌는 편견에서 자유로울 수 없고 또 자유로워지려고 하지 않는다. 티 나게 드러나든 그렇지 않든 모든 인간은 편견의 지배를 받는다는 것을 알아야 한다. 그러니 자신이 하는 말에도 무의식중에 편견을 담고 있을지 모르니 지나치게 나만 옳다는 자세는 지양하는 것이 바람직하다.

참고로 도서 《뇌과학으로 사회성 기르기》에 따르면, 편견과 고정관념은 조금 다르다. 편견은 사람들이 직접 겪어보지도 않고 미리 예상하고 판단하는 것을 전반적으로 가리킨다면, 고정관념은 어떤 집단에 속한 사람은 '다 이럴 거야'라고 단순하게 일반화해서 생각하는 것을 말한다. 편견이 고정관념보다 좀 더 감정적이고 개별적인 판단이라고 할 수 있다.

# 술 마시면 기분이
# 좋아지는 이유

술은 사람의 마음을 즐겁게 만들어준다. 좋은 날, 좋은 순간에 술이 없으면 섭섭할 정도로 술은 사람을 기분 좋게 해주는 촉매제 역할을 한다. 하지만 술 때문에 좋지 못한 일이 일어나는 경우도 많다. 가끔 주위에 '술 마시고 개가 되는' 사람을 볼 수 있다. 사람을 즐겁게도 해주지만 한편으로는 짐승으로 만들기도 하는 술. 적당히 마시면 인생이 풍요로워지지만 늘 '적당히'가 어려운 술이 뇌에 미치는 영향을 알아보도록 하자.

술에 함유된 알코올 성분은 흥분성 신경전달물질 글루타메이트의 분비를 억제하고 억제성 신경전달물질 가바의 분비를 촉진한다. 신경 활동을 활발하고 왕성하게 만들어주는 신경전달물질은 줄어들고 둔하고 느리게 만드는 신경전달물질은 늘어나므로 사고 능력이 둔화되고 언어와 동작이 느려진다. 그런 탓에 자리에서 일어나다 의자에 걸려 넘어지거나 손을 잘못 놀려 술잔을 깨는 실수를 저지르곤 한다.

술을 마시면 뇌의 보상 센터 측좌핵은 기분 좋은 느낌을 받고 도파민 분비를 늘린다. 도파민 분비가 늘어나면 뇌는 알코올이 기분을 좋게 해준다고 착각한다. 실제로는 도파민으로 기분이 좋은 것인데 알코올 덕분으로 여긴다는 말이다. 결국 더 기분 좋은 상태를 유지하기 위해 술을 더 마시지만 신경전달물질 분비가 뒤바뀌어 몸의 움직임은 둔해진다. 하지만 계속 술을 마시다 보면 도파민의 효과가 서서히 줄어들어 거의 사라지는 지경에 이르는데 이쯤 되면 술이 술을 마시는 상태라고 할 수 있다. 일반적으로 남성이 여성보다 도파민 분비가 더 많이 이뤄진다. 이것이 여성보다 남성이 술을 더 자주, 더 많이 마시는 이유기도 하다.

술을 마시면 평소에는 자제력이 뛰어난 사람도 자유롭게 행동하며 빈틈을 보이는 경우가 많은데 이는 대뇌피질의 행동 억제 기능이 마비되었기 때문이다. 알코올은 혈액뇌관문을 뚫고 혈관을 타고 다니며 뇌 구석구석을 적시는데 눈, 코, 입, 귀 등 모든 감각기관이 수집한 정보를 처리하는 속도를 둔화하고 사고 프로세스를 혼란시켜 명확한 사고를 방해한다. 술만 먹으면 돈이 없음에도 자신이 계산하겠다고 큰소리치고, 술 먹고 들어와 자녀에게 용돈으로 거금을 주는 것도 다 이와 관련이 있다.

시상하부와 뇌하수체는 자동적인 뇌 기능과 호르몬 분비를 조정하는데 알코올을 섭취하면 시상하부 내의 신경중추의 역량을 떨어뜨려 성적 흥분과 성행위 능력을 제어하는 기능이 약해진다. 술로 인해 억제력이 사라지므로 성적 욕망은 증가하지만 실질적으로 사정에 이르는 성행위 능력은 떨어지는 것이다.

편도체는 두려움과 불안, 공포 등을 느끼는 부위인데 알코올을 흡수하면 편도체의 기능도 떨어지고 겁을 상실한 행동이 나타나기도 한다. 그래서 평소에는 용기가 없어 하지 못하던 일도 술이 들어가면 겁 없이 하는 경우가 있다. 그동안 용기가 없어서 고백하지 못했던 사람을 찾아가 사랑을 고백하거나, 괜히 옆 테이블의 사람들에게 시비를 거는 행동이 그런 것이다.

성적 흥분을 느끼는 것도 편도체와 관련되어 있을 것으로 보인다. 일반적으로 편도체에 손상을 입은 환자는 과도하게 성적 욕구를 느끼거나 그것을 자제하지 못하고 해소하려는 증상을 보인다. 편도체는 무모하고 위험한 상태에 도달하지 않도록 제어하는 역할을 하는데 술에 취하면 이 기능도 약화된다.

신장과 부신, 뇌와 같은 기관에서 겉에 있는 부위를 피질, 안쪽에 있는 부위를 수질이라고 하는데 수질은 호흡과 의식, 체온 등 자동적인 기능을 제어하는 부위다. 알코올은 이 수질에도 영향을 미쳐 졸음이 오게 만든다. 또한 호흡 속도를 떨어뜨리고 수면 무호흡증후군을 유발하고 체온을 떨어뜨릴 수도 있다. 이렇듯 술은 의도치 않은 방향으로 뇌를 움직일 수 있으므로 가급적이면 술을 마시는 빈도와 양을 줄이는 것이 바람직하다.

# 나쁜 기억을
# 지울 수 있을까?

좋은 기억만 가지고 살면 좋겠지만, 인생이라는 게 좋을 때만 있는 사람도 없고 나쁠 때만 있는 사람도 없다. 누구나 지워버리고 떠올리고 싶지 않은 기억이 몇 개쯤은 있을 것이다. 나 역시 몸서리치게 잊고 싶은 기억이 몇 가지 있다. 이럴 때 마치 지우개처럼 기억을 깨끗하게 지울 수 있다면 얼마나 좋을까 하는 생각을 한 번쯤은 다 해봤을 것이다. 그런데 어쩌면 그게 가능한 시대가 올지도 모른다.

2014년 노벨상 수상자이며 면역학자기도 한 매사추세츠공과대학교의 도네가와 스스무(利根川進)는 빛을 이용해 신경세포를 조절함으로써 쥐의 기억력을 조작하는 획기적인 광유전학 기술 연구를 발표했다. 그는 수컷 쥐들을 암컷 쥐들과 짝지어 준 다음 활성화되는 신경세포를 찾았다. 그러자 기억을 담당하는 해마 부위의 뇌신경이 많이 발달했음을 알 수 있었다. 그다음 수컷 쥐들을 10일에 걸쳐 하루 두 세 시간씩 작은 방에 가둬두고 움직이지 못하게 함으로써 스트레스를 가했다. 이를 구속 스트레스라고 한다. 스트레스를 받은 쥐들은 꼬리를 잡아당겨도 아무런 반응을 보이지 않거나 좋아하는 설탕물을 줘도 쳐다보지 않는 등 우울증 증세가 나타났다.

우울증을 겪는 수컷 쥐들에게 청색 광펄스를 가해, 암컷 쥐들을 만났을 때 활성화되었던 신경세포를 찾아 스위치를 켰다. 그러자 행복한 기억을 하는 동안 활성화되었던 뇌신경들이 다시 활성화되었고 우울증이 사라졌다. 전혀 스트레스를 받지 않은 대조군과 별다를 바가 없었다. 이 연구는 불안 증세에 대해서는 효과가 없었던 것으로 나타났다. 모든 정신질환에 통용될 방법은 아닌 듯싶다.

실험에서 사용된 광유전학은 2000년대 초반부터 급속히 발전되어 온 기술로 여러 색깔의 빛을 이용해 서로 다른 뇌세포의 스위치를 켜는 방법이다. 유전공학을 이용해 설치된 '스위치'는 뇌세포막에 설치된 이온 통로를 말한다. 이온 통로에 빛을 쏘였을 때 변화하는 전하의 움직임이 뇌 신경세포를 활성화하거나 비활성화하는 것이다. 하지만 기술적인 내용이라 이해가 쉽지 않으므로 넘어가겠다.

아무튼 실험이 나타내는 내용은, 이 기술이 더 구체화되고 범용화되어야 하지만 인위적으로 나쁜 기억은 억제하고 좋은 기억을 떠오르게 할 수 있다는 것이다. 만일 대중화되고 상업화된다면 어떨까? 치료 비용이 만만치 않겠지만 마음에 큰 상처를 입은 사람은 돈을 들여서라도 나쁜 기억을 지우고 싶어 할 것이고 '기억을 치료해 주는' 병원은 문전성시를 이룰 것이다.

문제는 그러한 기술이 지속성을 가지느냐는 것이다. 좋은 기억을 떠올릴 때 활성화되는 뇌신경을 자극하는 것은 일시적일 뿐, 영원히 그 상태에 머무를 수는 없기 때문이다. 하지만 우울증 치료 등에 적용될 수 있기에 좋은 기억을 자주 떠올리다 보면 나쁜 기억도 잊지 않을까 싶다. 부디 긍정적인 측면에서 이 기술이 빨리 상용화되었으면 한다.

# 과식하면 왜
# 기분이 나쁠까?

요즘 유튜브를 보면 '먹방'이 한창 유행이다. 한 번에 햄버거 수십 개를 먹는가 하면 십수 명이 먹을 만큼의 음식을 먹어 치우기도 한다. '저 많은 음식을 어떻게 다 먹지?'라는 우려와는 달리 먹방을 하는 유튜버들은 질리는 표정도 없이 마치 처음 먹는 것처럼 끝까지 맛있게 먹는다. 이들 중에는 1년에 수억에서 수십억까지 벌어들이는 사람이 있는가 하면 인기에 힘입어 티브이까지 등장하는 사람도 있는데 이런 모습을 보면 그만큼 많은 사람이 먹방을 좋아한다는 방증일 듯싶다.

맛있는 음식을 먹으면 뇌에서는 보상중추가 활발하게 움직인다. 측좌핵이 활성화되고 도파민이 분비되어 기분이 좋아진다. 하지만 도파민은 중독성이 있는 물질이다. 평소 적당한 양을 넘어 과식이 습관이 되면 같은 양의 도파민을 얻기 위해서 더 많은 음식을 먹게 된다. 피자 두 조각으로 만족할 수준이 가면 갈수록 양이 늘어나 네다섯 조각을 먹어야만 만족감을 느끼는 것이다.

인간의 모든 사고와 행동에는 뇌가 깊은 영향을 미친다. 누군가를 좋아하고 특정한 음악과 운동을 즐기는 것처럼 먹는 일도 뇌가 깊이 관여한다. 그중에서도 특히 변연계 깊숙이 자리하는 시상하부가 영향을 많이 미친다. 시상하부는 몸에서 필요한 호르몬 분비를 관장함으로써 육체적, 정서적 상태를 조절하는 아주 중요한 뇌 부위다. 측면에 있는 시상하부는 신진대사는 물론 소화, 인슐린 분비, 미각 등을 조절하는데 식습관에 의해 기능이 변화될 수 있다고 한다.

워싱턴대학교 교수 마크 로시(Mark A. Rossi)가 이끄는 연구 팀에 따르면 과식을 하면 시상하부의 형태가 변화하고 그것이 다시 먹는 일에 영향을 미친다. 이들이 쥐를 대상으로 한 실험에서 측면 시상하부에 손상을 입은 쥐는 먹는 것을 거부하는 반면, 이 부위가 활성화된 쥐는 식사를 멈출 수 없었다. 주기적이고 규칙적인 식사를 하는 쥐의 세포는 당 섭취를 감지하는 능력이 변함없었지만 고지방 식사를 한 쥐의 세포는 점진적으로 당에 대한 반응이 낮아졌다고 한다. 우리가 흔히 먹는 고지방 음식이 뇌에서의 신경 반응을 억제하고 측면 시상하부를 변형해 먹는 것에 대한 참을성을 약화한다는 것이다. 한마디로 과식이 습관이 되어 뇌를 변형하고 참을성이 사라져 또 다른 과식을 부른다는 것이다.

그런데 적당한 양의 음식은 기분을 좋게 해주지만 과식을 하면 불쾌한 느낌이 들곤 한다. 왜 그런 것일까? 과식이 정서적, 육체적으로 영향을 미치기 때문이다. 우선 음식을 너무 많이 먹으면 위장이 가득 차 복부팽만이 일어나고 몸을 뒤척이는 것도 거북하게 느껴진다. 식사하면서 섭취한 채소류에는 섬유소가 많이 들어 있는데 이를 좋아하는 장내 미생물이 지나치게 발효를 일으킴으로써 장 안에 메탄가스가 가득 찬다. 가스는 소화를 방해해 속이 더부룩한 불쾌한 느낌이나 메스꺼움을 불러온다. 또한 위장이 있는 윗배가 부풀어 오르면 역겨움과 속쓰림 등의 증상이 나타날 수도 있다.

과식은 장기적으로 육체적 손상을 가져옴으로써 정서적 불쾌함을 일으킨다. 고기를 많이 먹으면 몸에 필요한 아미노산을 초과하는 분량은 모두 분해되는데 이 과정에서 암모니아가 발생한다. 이는 요소로 바뀌어 소변을 통해 몸 밖으로 배출되는데, 이 과정이 자주 반복되면 간과 콩팥에 안 좋은 영향을 미친다. 쌀과 밀가루 같은 곡류도 많이 먹으면 몸으로 흡수되는 포도당 양이 급격히 많아지고 이를 처리하기 위해 뇌에서는 인슐린 분비를 촉진한다. 인슐린은 여분의 포도당을 체지방으로 변환해 체내에 축적하므로 살이 찌고 고혈압과 당뇨 같은 성인병으로 발전할 수 있다.

또한 장기는 음식을 분해하기 위해서 호르몬과 효소를 분비하는데 부담스러운 음식을 소화하려면 과도하게 일을 해야 한다. 그것이 자주 반복되면 인슐린 저항과 코르티솔 증가, 성장호르몬 감소 같은 내분비 작용과 신진대사 관련 문제가 일어날 수 있다. 음식을 많이 섭취하면 몸속 지방세포에서 렙틴이라는 호르몬이 분비되어 포만감을 느끼게 하고 그만 먹으라는 신호를 보낸다. 그런데 급하게 먹거나 과식이 습관화되면 렙틴이 증가하는 신호가 뇌로 전달되지 않기 때문에 먹는 것을 멈출 수 없다. 특히 고지방 음식이 그렇다.

위장은 음식물을 소화하기 위해 위액이라는 산성 액체를 분비하는데 과식으로 소화가 오래 걸리면 위산으로 속쓰림을 느끼고, 때로는 지나치게 많은 위산의 분비와 역류로 식도염과 식도암 같은 질환에 걸릴 수도 있다. 과식은 또한 브레인 포그(brain fog) 현상을 일으키기도 한다. 브레인 포그란 '안개가 낀 뇌'라는 뜻으로, 머릿속이 희뿌옇게 안개가 낀 것처럼 멍한 느낌이 지속되고 생각과 표현을 분명하게 하지 못하는 상태를 말한다. 이러한 육체적, 정신적 변화는 과식하고 난 후 기분을 나쁘게 만드는 요인이 된다.

생활환경이 풍요로워지면서 우리는 주위에서 너무나 쉽게 맛있는 음식을 접하고 많이 먹게 되었다. 그리고 손가락 하나 까닥하는 것만으로 각종 음식 정보를 접하는가 하면 앉은자리에서 음식을 배달시켜 먹게 되었다. 하지만 편리를 누리기 위해서는 항상 내어주어야 할 게 있기 마련이다.

과식은 육체를 병들게 하지만 불쾌한 정서적 반응을 이끌어내 정신을 아프게 하기도 한다. 지나치게 많이 먹기보다는 적당히 맛있는 음식을 즐기는 것이 진정으로 음식을 대하는 자세가 아닐까 싶다.

# 직장인에게 찾아오는
# 369 법칙의 비밀

'직장인 사춘기'라는 것이 있다. 직장에 입사한 지 3년 차, 6년 차, 9년 차 되는 해에 심하게 업무에 불만과 직장 생활에 회의감을 가지고 슬럼프에 빠지며 퇴사를 고민하는 현상을 말한다. 청소년들이 사춘기를 겪는 것과 유사한 모습이어서 직장인 사춘기로 부른다고 한다. 직장 생활을 그만둔 지 꽤 오랜 시간이 지났지만 나 역시 그런 시기를 겪어왔던 듯싶다. 한 설문 조사에 의하면 직장인의 73퍼센트가 직장인 사춘기를 겪었다고 하니 특정 사람에게만 해당되는 증상은 아닌 것 같다.

  그렇다면 왜 직장인들은 소위 말하는 '369 증후군'을 앓을까? 단순히 직장 생활에 적응하면서 심리적으로 느슨해져서 나타나는 일시적 현상일까, 아니면 좀 더 깊은 이유가 있을까?

단순히 심리적 문제라면 큰 걱정이 없겠지만 상당수 직장인은 이로 인해 스트레스와 과식 등으로 체중 변화를 경험한다. 심하면 우울증 증상으로까지 나타난다고 하니 그냥 시간이 해결해 주겠지 하고 넘기기에는 문제가 심각해 보인다.

전문가가 아니니 정확한 진단을 내리기는 어렵지만 뇌를 놓고 이 문제를 생각해 보면 몇 가지 힌트를 얻을 수 있다. 우선 3년 정도 지나면 일이 꽤 손에 익는다. 뇌는 가소성이 뛰어나기 때문에 무언가 동일한 일을 반복적으로 하면 그 일을 수행하는 데 필요한 신경회로들이 단단하게 연결된다. 이후에는 에너지를 절약하기 위해 형성된 네트워크를 최대한 활용하려 한다. 그러면 큰 힘을 들이지 않고서도 업무를 처리할 정도가 된다.

UCLA 대학교의 리처드 레스탁(Richard Restak) 교수 팀은 fMRI 장비를 이용해 높은 지능을 가진 사람들과 보통 수준의 지능을 가진 사람들이 일할 때의 뇌 변화를 촬영했다. 연구 결과, 똑똑하고 일을 잘하는 사람일수록 뇌를 많이 활용하지 않고 일을 처리했다.

명상을 오래 한 스님들을 대상으로 한 뇌파 측정 실험에서도 비슷한 결과를 얻었다. 스님의 뇌에서는 고도의 인지 활동 시에 나타나는 감마파가 활발하게 방출되었다. 스님들은 일반인보다 의식적인 노력을 기울이지 않아도 감마파 방출 상태로 쉽게 전환이 가능했다. 이를 자동조정방식이라고 한다. 특정 업무에 익숙해지면 큰 노력 없이도 자동조정방식에 의해 일을 효율적으로 쉽게 한다.

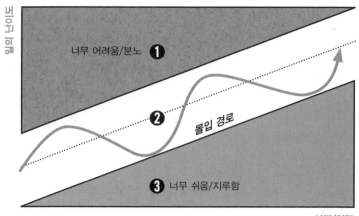

다수의 직장인이 입사 직후 ❶의 영역에서 시간이 지날수록 ❸의 영역으로 이동한다. 굳이 의식하지 않아도 주어진 업무를 손쉽게 하게 된다. 이러면 사람은 주어진 업무가 너무 쉽다고 여겨 지루함을 느끼거나 자신의 능력보다 업무 난이도가 너무 낮은 건 아닌가 하는 의문을 품는다. 입사 후에 낯선 직장 생활과 회사 업무에 적응하려던 모습은 까맣게 잊어버린 채 '내가 이런 일을 하러 회사에 들어왔나' 하는 회의감을 느끼거나 회사가 자신의 능력을 제대로 활용하지 못한다고 불만을 가진다. 이렇게 주어진 일이 상대적으로 쉽다고 여기면 성취동기가 저하하고 무력감을 느낄 수 있다.

한편으로는 낯선 업무가 적응되면 비로소 자신이 하고 싶었던 일과는 괴리가 있음을 깨달을 수도 있다. 익숙해진 일을 어렵지 않게 처리하는 것을 능력이 뛰어난 것으로 착각해 처우에 대한 불만도 생길 수 있다. 이러한 이유들로 회사와 상사 등 주변에 대한 불만이 늘어나고 조직 생활에 비전이 없다고 여기며 새로운 환경에 대한 유혹을 느끼고 이직을 꿈꾼다.

369 법칙이라는 것이 3년 간격으로 일어나는 증상이라고 보면 대체적으로 뇌가 무엇인가에 익숙해지고 자동조정방식에 의해 큰 의식 없이도 성과를 내기에 나타나는 증상이라고 할 수 있다. 능력 향상에 비해 난이도 측면에서 변화 없는 업무가 성취동기를 자극하지 못하고 이로 인해 의욕을 잃고 무기력함에 시달리는지도 모른다.

이때 이직은 큰 도움이 되지 않을 수 있다. 물론 환경 변화 측면에서는 도움이 되겠지만 그곳에서도 3년 혹은 그 전에라도 동일한 증상에 시달릴 수 있기 때문이다. 가장 좋은 방법은 업무를 변경하거나 난이도를 높이는 것이지만 조직 내에서 그런 변화를 가지기는 쉽지 않다. 결국 자신만의 높은 목표를 세우고 도전적인 방법으로 성취하려는 자세가 필요하다.

# 어떤 사람은 왜
# 회복탄력성이 낮을까?

힘든 일이나 역경을 겪을 때 그것에서 벗어나는 것을 '회복탄력성'이
라고 한다. 사람에 따라서는 느린 회복자형도 있고 며칠 안 되어 훌훌
털고 일어나는 빠른 회복자형도 있다. 느린 회복자형은 좌절을 겪었
을 때 고통 속에서 오래 지내고 어떤 일이 계획대로 되지 않고 좌절되
면 우울과 체념에 빠진다. 가까운 사람과 다투기라도 하면 그 기분을
쉽게 떨쳐버리지 못하고 오랫동안 가슴에 담아두기도 하고, 어려운
일에 부딪혔을 때 쉽게 굴복하거나 무기력해지는 경향이 있다.

반면에 빠른 회복자형은 어려움에서 신속하게 벗어나며 역경을
극복하기까지 그리 오래 걸리지 않는다. 어떤 일에 실패하더라도 바
닥을 치고 일어나 금방 제자리로 돌아가거나, 좌절을 겪고 나서도 대

수롭지 않은 듯 털고 일어선다. 가까운 사람과 다툰 일도 금방 잊어버리고 어려운 일에 직면했을 때 끈기와 투지로 버틴다.

이렇게 보면 회복탄력성이 높은 사람이 좋은 듯 보이지만 지나치게 높은 사람은 주위 사람에게 매정하다는 평가를 받을 수 있다. 사랑하는 가족이 세상을 떠났음에도 며칠 지나지 않아 아무 일도 없었던 것처럼 행동한다면 피도 눈물도 없는 사람처럼 보이지 않을까?

이러한 개인 차이를 일으키는 주요 원인은 전전두엽과 편도체를 잇는 도로에 있다. 일반적으로 좌뇌는 긍정적인 정서를 담당하는 반면 우뇌는 부정적인 정서를 담당한다. 따라서 좌측 전전두피질이 더욱 활성화된 사람은 빠른 회복탄력성을 보이는 반면, 우측 전전두피질이 활성화된 사람은 느린 회복탄력성을 보이는 경향이 있다. 심지어 빠른 회복탄력성을 지닌 사람의 좌측 전전두엽은 그렇지 않은 사람보다 무려 삼십 배까지나 활성화된다고 한다.

이때 좌측 전전두엽의 역할은 편도체 활동을 억제하는 것이다. 전전두엽과 편도체 간에는 서로를 이어주는 고속도로가 있는데 이 길을 따라 전전두엽에서 내리는 지시가 편도체로 전달된다. 평균 58세의 성인 47명을 대상으로 공포, 두려움, 분노, 혐오 등을 느낄 수 있는 사진을 보여주고 뇌 반응을 관찰하는 실험을 한 결과, 좌측 전전두엽이 활성화된 사람은 우측이 활성화된 사람보다 사진을 보고 느낀 부정적 감정에서 더욱 빨리 회복되었다고 한다. 결국 좌측 전전두엽의 활성화가 편도체가 부정적인 감정을 느끼는 것을 억제함으로써 부정적 감정에서 빠르게 빠져나오도록 해준다.

실제로 MRI 촬영 결과, 전전두엽과 편도체 사이의 고속도로라고 하는 신경다발이 많을수록 회복탄력성이 강하고 적을수록 약했다고 한다. 전전두엽이 편도체를 장악하는 힘이 얼마나 강한가에 따라 역경을 당했을 때 그것에서 벗어날 회복탄력성이 영향을 받는다는 것이다.

회복탄력성이 지나치게 높을 경우 큰일을 당한 후에도 아무렇지 않게 행동함으로써 냉혈한 같은 인상을 주는 부작용도 있지만, 세상을 살아가는 데 낮은 회복탄력성보다는 높은 것이 더욱 도움을 준다.

회복탄력성을 높이려면 긍정적 정서를 담당하는 좌뇌를 많이 활용하거나 두려움을 담당하는 편도체 활동을 낮춰야 한다. 좌뇌를 활용하는 방법 중 하나는 익숙한 일을 많이 하는 것이다. 뇌는 낯설고 새로운 것은 우뇌로 받아들이지만 그것이 익숙해지면 주로 좌뇌에서 처리한다. 그러므로 낯설고 힘든 일보다는 익숙하고 잘하는 일을 하는 것이 좋다.

언어중추가 좌뇌에 있으므로 글을 읽고 쓰면서 언어중추를 자극하는 활동을 하는 것도 도움이 된다. 편도체 활동을 줄이기 위해서는 긍정적 정서를 가지는 것이 중요하다. 안 되리라고 생각하기보다는 된다는 방향으로 생각하는 것, 나쁜 면보다는 좋은 면을 보려는 것이 긍정적 정서를 키우는 데 도움 된다.

## CHAPTER 4

# 뇌는 몸을 움직이기 위해 존재할 뿐이다

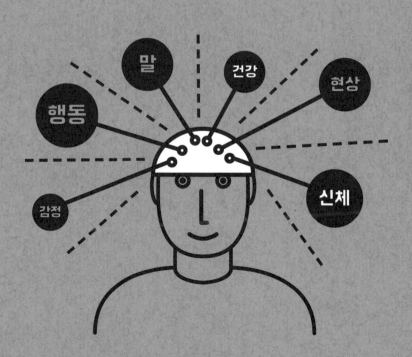

# 점심을 먹고 나면
# 왜 졸릴까?

직장인에게 오후 시간은 졸음과 사투를 벌여야 하는 마의 구간이다. 특히 오후 2, 3시만 되면 견딜 수 없을 정도로 졸음이 쏟아진다. 행여 점심 식사 직후에 회의라도 잡혀 있다면 고통스러운 시간을 보낼지도 모른다. 혹자는 환기가 잘 안 되는 사무실에서 사람들이 내뿜는 이산화탄소 때문에 졸음이 온다고 한다.

실제 뉴욕주립대학교의 연구 결과, 실내에 이산화탄소 양이 많으면 집중력과 판단력이 흐려지고 졸음을 느낀다. 한편으로는, 식사 직후에는 소화를 위해서 혈액이 위장으로 몰리면서 뇌로 공급되는 산소가 부족해지기 때문이라는 의견도 있다. 하지만 어떤 과학자들은 이에 대해 반론을 제기하기도 한다. 즉 밥을 먹었다고 뇌로 가는 혈류가 줄고 산소 공급이 줄어들지는 않는다는 것이다.

상식적으로 생각할 수 있는 것 외에 오후만 되면 졸리는 이유를 과학적으로 살펴보면 몇 가지가 있다. 우선 아래 그림에서 보는 것처럼 점심 식사 직후에는 생체리듬이 잠시 하향 곡선을 그린다. 하지만 피로물질은 계속 축적되는 상태므로 이 구간에 들어서면 졸음을 느끼는 것이다.

인간의 일주기리듬은 이상(二相) 수면에 적합하게 설계되어 있다. 즉 하루에 두 번 자는 것이 생체리듬에 맞다는 것이다. 그래서 유럽의 많은 나라가 시에스타처럼 낮잠을 자기도 한다. 먼 옛날에는 우리 조상도, 그리고 세계의 수많은 사람도 낮잠을 잤던 것으로 알고 있다. 신체가 그렇게 하길 원하기 때문이다.

두 번째로, 호르몬 오렉신과 신경전달물질 멜라토닌 때문이다. 오렉신은 뇌 속의 시상하부에서 만들어지는 화학물질로 식욕과 각성

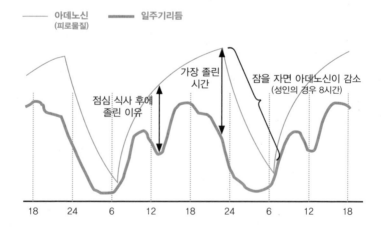

상태를 유지시켜 준다. 오렉신이 부족해지면 졸음과 피로를 느낀다고 한다. 잠을 자고 깨어 있는 것을 조절하기 위해서는 적절한 수준의 오렉신이 필요한데 만일 극단적으로 감소하면 주간에도 끝없이 졸림이 온다는 것이다.

오렉신 수치는 혈당과 직접적 연관이 있다. 탄수화물이 풍부한 음식을 먹으면 이것이 포도당으로 바뀌면서 혈당 수치가 올라간다. 그러면 뇌는 높아진 혈당 수치를 낮추기 위해 췌장에서 인슐린을 분비하도록 한다. 인슐린은 혈액 속 포도당을 체내로 흡수하도록 돕는 역할을 하는데 만일을 대비해 몸속에 에너지를 저장해 놓기 위해서다. 그런데 인슐린 수치가 높아지면 오렉신의 양은 감소한다. 탄수화물을 섭취해서 혈당이 높아지면 인슐린이 분비되고 이에 따라 오렉신이 감소하면서 졸음과 피로를 느낀다는 것이다.

《미국임상영양학저널(AJCN)》에 따르면 탄수화물은 혈액 속 트립토판의 수치를 증가시킨다. 트립토판은 신경전달물질 세로토닌을 합성하고 이는 다시 멜라토닌으로 변환되는데, 멜라토닌은 다름 아닌 잠을 오게 만드는 신경전달물질이다. 트립토판이 많이 든 음식을 먹으면 세로토닌 수치가 높아지고 덩달아 멜라토닌 양도 늘어나면서 졸음과 피로가 찾아온다는 것이다. 특히나 빛이 부족하면 멜라토닌 수치가 높아지는데, 흐리고 어두운 날씨에는 더욱 졸음을 느낀다. 결국 점심 식사를 한 후, 위장에서의 소화 과정을 거쳐 혈액 속 당분 농도가 높아지거나 멜라토닌 수치가 높아질 때까지 한두 시간 정도 지나 2, 3시경이 되면 참을 수 없는 것이다.

이 외에 몸속에 염증이 있는 경우에도 심한 졸음을 느낀다고 한다. 《뉴로사이언스》에 발표된 연구에 따르면, 심각한 질병으로 염증이 발생한 경우 염증의 원인과 싸우기 위해 졸음을 유발하는 시토키닌이라는 물질이 분비되고 오렉신 수치는 낮아진다. 아플 때 무기력한 모습을 보이거나 계속 잠을 자는 것도 이 때문이다.

그렇다면 어떻게 오후만 되면 어김없이 찾아오는 졸음을 피할 수 있을까? 먼저, 배가 부를 때까지 먹지 않는 것이 좋다. 배가 부르면 부교감신경이 활성화되고 몸은 편안한 휴식 상태로 빠져든다. 이 상태에서는 졸린 것이 당연하다.

두 번째는 탄수화물과 단 음식 섭취를 줄이고 채소를 많이 먹는 것이 좋다. 앞서 언급한 대로 탄수화물과 단 음식은 졸음을 유발하는 호르몬을 분비하도록 만든다. 그러므로 가급적이면 섭취를 줄이는 것이 좋다. 그리고 채소에 포함된 식물섬유는 혈당 상승을 막아주고 나중에 들어온 음식물의 소화를 도와주기도 한다. 더불어 가금류, 소고기, 유제품 그리고 고단백 공급원과 같은 음식은 가급적 피한다. 이런 음식은 트립토판이 많이 들어 있어 멜라토닌의 생성을 촉진하고 졸음을 유발하기 때문이다.

세 번째는 식후에 앉아 있지 말고 산책하거나 몸을 움직여 주는 것이다. 몸을 움직이면 혈류 흐름이 빨라지고 뇌가 맑아져 졸음을 방지하는 효과가 있다. 그런데 오후에는 그렇게 참을 수 없이 졸립지만 오전에는 쌩쌩하게 일이 잘되는 이유도 궁금하지 않은가?

이는 호르몬 그렐린 때문이다. 이 호르몬은 배고픔을 느끼게 해 식욕을 북돋는 역할을 하는데, 한편으로는 기억을 좋게 만들어 학습 효과를 높이는 기능도 있다. 공복 상태에서 그렐린이 분비되면 신경세포 간 연결이 30퍼센트나 늘어나고 활동도 활발해진다. 즉 배가 고픈 상태에서는 그렐린이 분비되는데, 이때 학습과 업무의 효율이 높아지는 것도 바로 이 때문이다.

# 나이 든 사람이 운전을 하면
# 위험한 이유

최근 고령 운전자들의 교통사고 소식이 심심치 않게 들려온다. 일본에서는 83세의 노인이 운전하던 차가 인도로 뛰어들면서 행인 두 명이 사망한 사고가 있었다. 한국에서도 구십 대 노인의 차에 삼십 대 행인이 목숨을 잃는 일이 있었으며, 칠십 대 노인이 운전하던 차가 임신부를 친 일도 있었다. 또 브레이크와 액셀을 혼동해 병원으로 돌진한 팔십 대 운전자도 있었다. 도로교통공단에 따르면 2008년에 10,155건이던 고령 운전자 사고는 2017년에는 26,713건으로 10년 간 163퍼센트나 증가했다.

이렇듯 고령 운전자로 인한 사고가 늘어나다 보니 나이 많은 사람에 대한 운전 제한이 각국에서 활발히 논의되고 있다. 미국 펜실베이니아주에서는 운전자 평가 결과에 따라 주간이나 특정 지역에서만 운전이 가능하도록 제한하고 자동변속기와 같은 운전 보조 장치, 교정 안경 사용을 의무화하는 등 제한을 두는 제도를 실행 중이다. 일찍 고령화 사회로 진입한 일본에서는 1988년부터 운전면허증을 자진 반납하면 대중교통 요금을 할인해 주거나 추가 금리를 제공하는 제도를 도입했다. 한국에서도 면허를 자진 반납할 경우 일정 수준의 보조금을 지급하는 제도를 시행하고 있다.

안타깝게도 고령자 운전은 큰 위험성을 내포한다. 인간의 신체는 무한히 기능을 발휘할 수 없다. 시력과 청력 등 모든 감각기관은 나이가 들어감에 따라 기능이 현저히 떨어진다. 무엇보다 뇌가 늙어간다는 것이다. 뇌의 신경세포 수는 이십 대 초반에 최고조에 달한 후 지속적으로 감소한다. 칠십 대 중반이 되면 이십 대 때보다 10퍼센트 정도 뇌세포가 적어진다고 한다. 뇌세포가 줄어든다는 것은 기능을 발휘해야 할 때 필요한 신경회로의 연결이 원활히 이뤄지지 않는다는 말이다. 뇌의 지배를 받는 신체 반응이 둔해질 것임은 명확하다.

운전 중 위험한 상황과 맞닥뜨린다고 해보자. 위험 상황을 눈으로 보고 그것이 뇌에 신호를 보내면 뇌는 상황을 지각하고 운동피질에 명령을 내려 손으로 운전대를 조작하거나 발로 브레이크를 밟도록 한다. 이 모든 상황이 신경회로 간의 연결에 의해 이뤄지는데 신경세포의 사멸로 연결이 원활하지 않으면 반응이 늦어질 수밖에 없다. 실제 고령 운전자의 반응 속도는 젊은 사람보다 0.1초 느리다고 하는데, 시속 60킬로미터로 달린다고 할 때 브레이크를 밟을 때까지 거의

2미터 정도를 더 나아간다는 것을 의미한다. 또한 신경세포막이 굳어져 신경전달물질의 합성과 방출이 감소되는데 이는 반응 속도를 더욱 늦춘다.

뇌의 노화는 머리 앞쪽에 위치한 전두엽부터 시작된다. 이 부위 기능이 저하하면 집중력과 판단력에도 영향을 미친다. 운전하다가도 전방과 주변 환경에 집중하지 못하고 자주 신경이 분산되어 위험 상황에 직면할 수 있다. 하나의 일에서 다른 일로 주의를 전환하는 일도 늦어지는데 이것 역시 위험 상황을 신속히 파악하고 적절한 대응 조치를 취하는 속도를 늦추게 한다. 공간과 방향 감각을 관장하는 영역의 노화로 방향감각을 잃고 차도가 아닌 인도로 뛰어드는가 하면, 운동피질의 노화로 운전대를 원활하게 조작할 수 없어 충돌 사고를 일으키기도 한다.

잠의 질도 큰 영향을 미친다. 나이가 들어갈수록 신체 기능의 저하와 함께 잠의 질이 떨어져서 숙면을 취할 수 없으므로 졸음에 시달리는 경우가 많다. 약해진 방광으로 잠자리에서 자주 깨는 것도, 호르몬 변화로 수면 주기가 달라지는 것도 졸음운전의 원인이 된다. 잠의 질이 나빠지면 운전 중 자신도 모르게 '미세'수면에 빠질 수 있는데 자신은 깨어 있다고 느끼지만 뇌는 잠이 든 상태가 되는 것이다. 이런 경우 운전은 흉기를 몰고 다니는 것과 같다.

어떤 사람도 신체 노화에서 자유로울 수 없다. 평소 체력 관리가 잘되어 있고 건강하다고 장담하는 경우에도 몸과 뇌는 자연스러운 노화의 흐름을 따라간다. 나만큼은 자신 있다고 외치는 사람도 어느 순간 사고를 일으킬지 알 수 없다. 평소 자신의 운전 상태를 객관적으로 살펴보고 먼 거리는 대중교통을 이용하거나 면허를 자진 반납하는 등 운전에 대한 생각을 재정립해야 한다.

# 나이가 들면 운동도
# 잘 골라서 해야 한다

뇌는 몸을 움직이기 위해 존재한다. 몸이 없으면 뇌가 필요 없다. 고착생활을 하는 멍게는 몸을 움직일 필요가 없기 때문에 뇌가 존재하지 않는다. 그래서 뇌를 활성화하기 위해서는 반드시 몸을 움직여야 하는데 운동만큼 좋은 수단도 없다. 그런데 아무 운동이나 한다고 효과가 있는 것은 아니다.

한 연구에서 평균 67세에 이르는 성인 120명을 세 그룹으로 나눈 후 각각 다른 운동을 시켰다. 첫 번째 그룹은 유산소운동인 에어로빅, 두 번째 그룹은 스트레칭, 세 번째 그룹은 근력운동을 지정된 프로그램에 따라 각각 1년씩 하도록 했다. 그 후 뇌 변화를 관찰해 보니 에어로빅을 한 그룹은 해마 부피가 2퍼센트 커졌고 공간 기억과 관련된 과제에서도 수행 능력이 향상했다. 반면에 스트레칭 그룹과 근력운 동 그룹은 해마 부피가 오히려 1.4퍼센트 줄어들었다. 단, 이 경우에 도 공간 기억과 관련된 과제에서의 수행 능력은 향상되었다.

이로 유산소운동이 해마의 기능 변화와 관련이 있다는 것을 알 수 있다. 해마는 구뇌(old brain) 중 하나로 가장 먼저 퇴화가 일어나는 곳 이며 알츠하이머병 등 치매를 일으키는 주요 부위기도 한다. 그런데 해마가 커진다는 것은 퇴화를 예방할 수 있다는 것과 동일하다. 결국 유산소운동을 많이 하면 해마의 기능을 건강하게 유지하고 치매도 예방한다는 것이다.

또 다른 실험 결과도 있다. 일리노이대학교의 아서 크레이머(Arthur F. Kramer) 교수에 따르면 노인들에게 유산소운동을 하게 했더니 인지 력 테스트에서 20퍼센트 향상한 결과를 얻었다. 크레이머 교수는 노 인들을 대상으로 운동하기 전에 fMRI로 뇌를 촬영하고, 6개월간 유 산소운동이 끝난 후 다시 뇌를 촬영했다. 놀랍게도 노인의 뇌는 25세 청년의 뇌와 크게 다르지 않았다. 결국 운동을 통해 뇌를 잘 관리하기 만 하면 치매는 예방할 수 있는 것이다.

치매는 65세가 넘어가면 나타나기 시작한다고 한다. 80세가 넘는 노인들 중 반은 치매에 걸린다. 곰곰이 생각해 보면 치매만큼 두려운 질병도 없을 듯하다. 인간으로서의 모든 존엄이 사라진 상태에서 오 로지 동물적 본능으로만 살아가는 것이므로 말이다. 어느 신경과학 자가 이런 말을 했다. "85세 이상 노인의 대부분이 예전과 다름없는 지능을 유지하고 새로운 것에 대한 학습 능력이 있으며 온전한 의사 결정 능력을 보유하는데도 왜 사람들은 뇌 전성기는 지났다고 믿으며 사는지 답답하고 암울할 뿐이다."

나이가 들어 육체가 늙어가는 것은 어쩔 수 없는 일이다. 그러나 육체도 관리를 잘하면 신체 나이보다 젊게 보일 수 있는 것처럼 뇌도 관리만 잘한다면 젊은 사람 못지않게 뛰어난 인지 능력을 유지한다. 가장 좋은 방법은 역시 운동이다. 그것도 유산소운동이다. 간혹 티브이에서 근력운동을 하는 노인을 볼 수 있는데 그것보다는 유산소운동을 통해 뇌에 신선한 산소를 충분히 공급하고 혈류를 좋게 만드는 것이 더 바람직하다. 그러니 이왕 할 거라면 빠르게 걷기 등 유산소운동을 하는 것이 낫겠다.

# 왜 청소년은 늦게 자고 노인은 일찍 잘까?

해외여행을 다녀온 사람이라면 시차 때문에 고생한 경험이 있을 것이다. 아침 비행기를 타고 반나절을 날아 목적지에 도착했는데 다시 아침을 맞아 종일 쏟아지는 잠과 사투를 벌이기도 하고, 밤에는 오히려 잠을 이루지 못해 뜬눈으로 밤을 꼬박 새운 경험이 한 번쯤은 있을지도 모른다. 시차를 극복하게 해주는 약도 있지만 약을 먹지 않고 극복하는 일은 참으로 힘들다. 시차는 기본적으로 모든 생물체에 내재된 순환 사이클 때문에 일어난다.

사람의 몸에는 일주기리듬이 있다. 사람뿐만 아니라 동물과 식물에도 있다. 낮에는 잎을 활짝 펼쳤다가 어두워지면 접는 미모사를 빛이 안 드는 밀폐된 상자 속에 넣어두면 깜깜한 어둠 속임에도 24시간의 변화가 있는 것처럼 잎을 폈다 오므렸다 한다. 이처럼 살아 있는 모든 것은 몸 안에 자연 섭리에 따라 행동하게 하는 주기적 리듬이 있는데 이것이 일주기리듬이다. 해의 움직임에 따라 신체가 반응하도록 설계된 것이다.

일주기리듬은 일반적으로 사람마다 조금씩 달라지지만 약 24시간을 주기로 반복된다. 이로 우리는 자연스럽게 주위 환경에 맞추어 잠을 자거나 잠에서 깨어나 생활한다. 즉, 주위 환경의 변화에 맞추어 일주기리듬이 바뀐다는 것을 의미한다.

신체에 일주기리듬이 있음으로 나타나는 현상이 시차다. 서울이 낮 12시일 때 뉴욕은 밤 11시다. 만일 누군가 비행기를 타고 뉴욕으로 여행을 간다면 그 사람의 몸은 낮 12시에 있지만 주변 환경은 밤 11시라는 것을 의미한다. 밤 11시면 잠자리에 들어야 할 시간이지만 몸은 낮 12시에 있으니 잠이 올 리 없다. 밤새 뒤척이며 잠을 못 이루는 수밖에.

하지만 런던은 또 다르다. 서울이 낮 12시일 때 런던은 새벽 4시다. 새벽 4시라면 이제 잠에서 깨어날 준비를 할 시간이다. 그러므로 낮 12시에 맞춰진 신체를 가지고 새벽 4시의 환경에서 생활하는 것은 큰 무리가 없다. 일반적으로 동쪽으로 가는 것이 서쪽으로 가는 것보다 시차 적응이 훨씬 어려운데, 바로 일주기리듬 때문이다.

일주기리듬은 일생을 두고 변화하는데 가장 큰 변화가 나타나는 시기가 청소년기와 노년기다. 청소년기에는 일주기리듬이 성인보다 두 시간에서 세 시간까지 늦어진다. 즉 성인은 밤 11시쯤 되면 졸음을 느끼고 잠자리에 들지만 청소년은 새벽 1, 2시까지 깨어 있어도 졸리지 않다. 이는 잠을 자라는 신호를 보내는 멜라토닌 분비가 성인보다 늦게 일어나기 때문이다. 뇌 안에서 잠을 자라는 신호가 늦게 나타나니 졸음을 느끼는 시간도 그만큼 늦어질 수밖에 없다. 아이들이 괜한 '쓸데없는 짓'을 하기 때문에 늦게 자는 것이 아니고 잠이 오지 않아서 그런 것이다. 그리고 늦게 잔 만큼 아침에 늦게 일어난다. 아침 7시면 성인은 일어날 시간이지만 청소년은 한창 잠에 취해 있는 시간이다. 그것을 모르고 아이들에게 늦게 자고 늦게 일어난다고 구박하면 안 된다.

반면에 노인의 경우 일주기리듬이 일반 성인보다 두세 시간 앞으로 이동한다. 즉 성인이 밤 11시에 졸음을 느낀다면 노인은 그보다 두 시간쯤 일찍 졸음을 느낀다. 이 역시 멜라토닌 분비 시간이 빨라지기 때문이다. 그리고 빨리 잠에 든 만큼 자리에서 일어나는 시간도 빨라진다. 모든 것이 신체에 내장된 시계, 즉 일주기리듬의 변화 때문에 나타나는 자연스러운 현상이다.

그런데 노인이 잠이 없는 것이 단순히 일주기리듬의 변화 때문만은 아니다. 초저녁에 졸음을 참지 못하고 잠깐 잠을 자거나, 자다 깨어서 다시 잠들지 못하거나, 약해진 방광으로 자다가 소변을 보기 위해 깨거나 한다. 노인도 숙면이 필요하지만 여러 이유로 잠이 부족하다 보니 낮에도 꾸벅꾸벅 조는 일이 많다.

# 글씨로 성격을
# 파악할 수 있을까?

이 글을 읽는 당신은 글씨를 잘 쓰는 편인가? 솔직히 말해서 나는 내 글씨에 자신이 없다. 어릴 때부터 학급 회의를 할 때면 반에서 서기를 할 정도였으니 글씨를 못 쓰는 편은 아니라고 여겼지만 성인이 되면서 잘 못 쓴다는 사실을 깨달았다. 내 글씨를 자세히 들여다보면 균형이 제대로 잡히지 않고 배뚤배뚤하게 쓰인 경우가 많다. 특히 위에서 아래로 내리긋는 수직으로 된 획은 쓰기 힘들다. 이러한 글씨도 뇌의 영향을 받을까?

당연히 그렇다. 글을 쓰는 것은 뇌에서 보면 하나의 운동에 불과하다. 그러므로 운동과 관련된 뇌 영역이 글쓰기에 관여한다. 이와 관련된 영역은 대뇌피질에 있는 운동피질과 소뇌, 기저핵 등이다. 운동피질은 주로 운동 순서를 정하는 일을 하고, 소뇌는 연속적인 동작이 부드럽게 이어지도록 하고 자세를 제어하는 역할을 한다. 기저핵은 패턴화된 동작을 저장한다.

몸을 쓰는 일을 익히고 나면 차후에는 그 요령을 일일이 신경 쓰지 않고서도 잘 해낸다. 예를 들어 수영을 배운다면, 처음에는 물속에서 고개를 돌리고 숨을 쉬고, 팔을 젓고, 다리를 차는 등이 몸에 익숙해지지 않아 일일이 신경을 쓰며 동작을 구분해서 해야 한다. 하지만 수영이 어느 정도 익숙해지면 동작에 별로 신경 쓰지 않고서도 자연스럽게 물속에서 움직이는 게 가능해진다. 이러한 것을 절차기억이라고 하는데 패턴화된 동작은 소뇌나 기저핵에 저장된다. 그중에서도 기저핵에 저장될 가능성이 높다.

글을 쓰는 것 역시 마찬가지다. 필체라는 것은 여러 번 반복적인 훈련으로 고착된다. 한번 고착되면 필체는 쉽사리 바뀌지 않는다. 마치 지문처럼 고유 형태로 패턴화되는 것이다. 동그라미를 그리고, 수직과 수평 선을 긋고, 균형 있게 쓰는 등 글씨를 구성하는 고유 운동 패턴들이 기저핵에 고스란히 저장된다. 그리고 쓸 때마다 기저핵에서 그 패턴을 불러 운동피질에 전달하고 손을 움직여 정해진 패턴대로 글을 쓰게 한다.

이렇게 글쓰기에 기저핵이 관여하다 보니 필체를 보면 그 사람의 뇌 상태를 어렴풋이 짐작할 수 있다. 한석봉처럼 탁월하게 잘 쓰는 사람은 기저핵이 발달되어 있을 가능성이 높고, 반대로 나처럼 비뚤비뚤 쓰는 사람은 기저핵의 기능이 다소 저하되어 있을 가능성이 있다.

물론 운동피질에서 정확한 손놀림을 제어하는 기능이 저하된 것일 수도 있지만 말이다.

그런데 기저핵은 사람의 성격과도 연관되어 있다. 기저핵의 주요 역할은 정교한 동작을 원활하게 하고 신속하게 전환하며, 원치 않는 움직임을 억제하는 것이다. 그래서 기저핵이 지나치게 활발하게 움직이면 마치 춤을 추는 것처럼 과도하게 움직이는 헌팅턴병과 틱 장애 등에 걸릴 수 있다. 그 반대의 경우 동작을 제대로 수행하기 어려운 파킨슨병에 걸릴 수 있다. 물론 여기에는 도파민이 관여한다.

기저핵은 이러한 신체 동작 외에 기분과 신체의 움직임을 통합하는 역할도 한다. 놀랐을 때 몸이 얼어붙어 꼼짝할 수 없는 것도 기저핵 때문이다. 또한 쾌감과 황홀감을 조절하고, 무언가를 추진하고자 하는 동기화를 증진하며, 신체에 부담을 주지 않을 정도의 불안 수준을 설정한다.

그래서 만일 기저핵이 적정 수준을 넘어 지나치게 활성화되면 불안과 초조, 공황발작, 불안에 대한 신체적 감각, 최악의 것을 예견하려는 경향, 갈등 회피, 근육긴장과 통증, 지나치게 낮거나 높은 동기화 등의 증상이 나타난다. 당연히 정교한 운동에 이상이 생기기도 한다. 나는 손으로 글을 쓰다 보면 늘 한결같은 것이 아니라 어떤 날은 예쁘게 잘 쓰다가 어떤 날은 엉망으로 쓰기도 한다. 이러한 현상은 그날의 기저핵 컨디션이 어떠한가를 나타내 주는 것이라고 할 수 있다.

이 두 가지를 종합해 볼 때 필체만으로도 성격을 어느 정도는 짐작할 수 있다. 즉 글을 균형 잡히게, 정교하게 잘 쓰는 사람일수록 기저핵 활동이 정상적이지만 삐뚤삐뚤하게 쓰는 사람일수록 지나치거나 모자랄 수 있다. 그리고 기저핵의 영향은 성격으로 드러날 수 있다. 한번 자세히 보라. 불안하고 초조하며 강박감을 느끼는 사람은 글씨가 안정되어 있지 않을 수 있다. 인간관계가 파국이 날까 두려워 갈등을 회피하는 사람이나 과하게 동기 부여된 사람도 필체가 그리 예쁘지 않을 수 있다.

최근《필체를 바꾸면 인생이 바뀐다》라는 책이 화제가 되었다. 저자는 부자와 리더의 글씨가 따로 있다고 한다. 그렇다면 필체를 바꾸면 부자나 리더가 될까? 아마도 저자는 글씨가 성격과 관련이 있다는 것을 알았을 것이고 성격을 바꾸어야만 부자나 리더가 됨을 간파했을 것이다. 비록 뇌에 대해서는 잘 모르고 한 말이겠지만 저자의 말자체가 틀린 것은 아니다. 다만 성격을 바꾼다는 것, 특히나 기저핵이하는 일을 노력으로 바꾼다는 것이 그리 쉬운 일만은 아니라는 사실이다.

덧붙이자면, 사람들이 물건을 살 때 포장과 상표의 서체가 선택에 많은 영향을 미친다고 한다. 정보 처리의 수월성(processing fluency), 즉어떤 정보를 처리할 때 이해하기 쉽거나 어렵다고 느끼는 정도를 말하는데 포장과 상표의 서체가 읽기 쉬울수록 상품을 살 가능성이 높아진다. 읽기 어려운 글씨는 뇌 입장에서는 그만큼 많은 노력과 에너지를 소비해야 하기 때문이다.

상대방에게 손으로 쓴 글을 전달했을 때 글이 읽기 어렵다면 상대는 내용을 이해하기 위해 더 많이 노력하고 에너지를 소모해야 한다.

잘 쓴 글을 볼 때보다 더욱 힘이 들어간다. 이러한 현상은 사람과 글의 내용에 대한 부정적인 생각을 불러일으킨다. 그리고 오해와 편견이 출세에도 영향을 미칠 것임은 뻔한 이야기다.

# 눈을 감으면 왜
# 한쪽 다리로 서 있기 힘들까?

자리에서 일어나 두 팔을 벌린 채 한쪽 다리로만 서 있어보라. 그리 어렵지 않을 것이다. 균형만 잘 잡으면 몇 분도 버틸 수 있다. 만일 이게 안 된다면 건강 상태를 의심해 봐야 한다. 이번에는 두 눈을 감은 채 한쪽 다리로만 서 있어보라. 희한하게 단 몇 초도 견디기 힘들다. 단지 눈만 감았을 뿐인데 오래 버틸 수가 없다. 심지어 어떤 사람은 넘어지기까지 한다.

눈을 감고 코를 막은 채 콜라와 사이다를 마시면 반 정도는 차이를 구분하지 못한다. 소위 콜라 마니아라며 자신 있다고 큰소리치는 사람도 막상 코를 막고 실험해 보면 콜라를 찾아내지 못하는 경우가 많다. 또한 눈을 감고 코를 막으면 양파와 사과의 맛이 구분되지 않는다고 한다. 그중에는 질감의 차이를 인식하고 구분하는 사람도 있겠지만 만일 두 사물의 질감마저 똑같이 한다면 구분할 수 있는 사람은 별로 없을 것이다. 왜 그럴까?

몸에서 자극을 받아들이는 감각기관은 눈과 귀, 코, 혀 그리고 피부다. 이런 감각기관을 통해 외부에서 받아들인 정보는 신경회로를 타고 대뇌피질로 전달되어 인지 과정을 거친 후 자극이 어떤 것인지 지각한다. 그런데 자극을 판단하려면 하나의 자극만으로는 안 되고 감각기관을 통해 받아들인 정보들을 종합적으로 비교하고 분석해야 한다. 예를 들어, 음식을 먹을 때는 꼭 미각으로만 맛을 평가하지 않는다. 시각, 후각, 질감 때로는 청각까지 합세해 음식 맛을 결정한다. 그런데 이러한 정보들 중 하나라도 누락되면 종합적 판단을 내리는 데 오류가 생긴다.

감기에 걸리면 입맛이 없어지는 것은, 음식에서 발생하는 기체 화학물질이 후각세포를 자극해야 하는데 감기로 콧물이 가득 차면 통로가 막혀 자극할 수 없게 되므로 맛을 느끼지 못하기 때문이다. 보기 좋은 음식이 먹기에도 좋다는 말이 있는 것도 음식을 단순히 미각으로만 평가하는 것이 아니고 시각과 후각 등 모든 감각이 고르게 반영해 종합적으로 평가하기 때문이다. 미각만으로 맛을 평가한다면 개밥처럼 아무렇게나 차려진 음식도 맛만 좋으면 좋은 평가를 받아야 한다. 하지만 그런 음식을 먹고 맛있다고 느끼는 사람은 별로 없다. 고급 음식점에서 먹기에도 아까울 정도로 예쁘게 플레이팅을 하는 것도 바로 이 때문이다.

다시 말해, 뇌에서 정보를 처리할 때는 한 가지 정보만으로 판단을 내리지 않는다. 여러 감각기관으로 입수된 정보들을 비교하고 분석한 후 최적의 판단을 내리도록 설계되어 있다. 그런데 판단을 내리는 데 필요한 정보들 중 일부가 누락되면 뇌는 정확한 판단을 하지 못한다. 평소 경험 속에 저장된 기억을 끄집어내어 가장 가깝다고 생각하는 것을 답으로 내려버린다.

한 다리로 서 있을 때는 귀 안의 평형감각과 함께 시각 정보를 받아들인다. 그런데 눈을 가리면 시각 정보가 차단되고 몸이 기울어지는 것을 느낄 수 없다. 그래서 오래 버티기가 어려운 것이다.

# 담배를 끊으면 왜
# 먹을 것이 당길까?

나도 오랜 기간 담배를 피웠고 1년 반 정도 끊어본 적이 있지만, 금연은 이만저만 어려운 일이 아니다. 굳은 의지가 있어야 하지만 의지만으로 할 수 있는 일도 아니다. 담배를 피우는 사람은 이미 니코틴에 중독된 상태인데 중독에서 벗어나기가 어디 그리 쉬울까. 그런데 담배를 끊으면 살이 찐다는 속설이 있다. 이 속설은 과연 맞을까? 그리고 이유는 무엇일까?

담배를 끊으려고 할 때 자칫 잘못하면 살이 찔 수 있다. 실제 금연하는 사람들이 사탕과 과자 등을 먹는 모습을 종종 본다. 많은 사람이 단순히 입이 심심하기 때문이라고 생각할 수 있지만, 바로 스트레스 호르몬 때문이다. 담배를 피우면 담배 속 니코틴이 코르티솔 수치를 신속하게 상승시킨다. 코르티솔은 각성 효과가 있는 호르몬 중 하나다. 머리가 무거울 때 담배를 피우면 정신이 맑아지는 듯한 느낌이 드는 것도 코르티솔 때문이다. 이렇게 담배를 피우는 행위 자체가 각성 효과를 주기는 하지만 뇌에서는 스트레스를 받는 것과 동일한 효과가 있는 셈이다.

이처럼 담배를 피울 때도 코르티솔이 분비되지만 담배를 끊으면 더욱 많이 분비된다. 스트레스 상황에 처하는 것이다. 코르티솔이 분비되면 뇌는 스트레스 상황을 해결하려고 더 많은 에너지를 동원하고 교감신경을 통해 인슐린이 분비되지 못하도록 한다. 인슐린은 평소 근육과 지방 조직이 포도당을 흡수하도록 돕는 역할을 한다. 하지만 더욱 많은 에너지가 뇌에 필요한 상황에서는 근육과 지방으로 흡수되는 포도당을 막아 뇌로 보내야 한다. 결국 뇌에 더 많은 포도당이 흘러 들어간다.

인슐린 분비를 막음으로써 체내로 포도당이 흡수되는 것을 막은 뇌는 몸으로 흡수되어야 할 포도당을 모조리 쓸어간다. 만일 혈류 내에 포도당이 부족하면 근육, 지방, 간 등에 저장된 에너지를 동원한다. 하지만 그것마저도 바닥이 나버리면 뇌는 외부에서 영양을 공급하라는 신호를 보낸다. 먹을 것을 찾거나 군것질하도록 만드는 것이다. 특히나 사탕과 과자처럼 포도당 섭취에 유리한 단 음식에 손이 많이 간다.

정리하자면, 담배를 피우지 못하는 상황에서 스트레스가 높아지고 코르티솔이 분비되면 뇌에 더 많은 포도당이 필요하다. 그런데 체내에서 공급이 안 되면 음식을 먹는 것으로 벌충하려고 한다. 결국 이것이 길어지면 살이 찔 수밖에 없다. 신체 대사는 그대로인데 입으로 들어가는 음식은 늘어나는 데다 당분도 많이 섭취하니 살이 안 찐다면 오히려 이상한 일이다. 담배를 끊을 때는 몸이 불어나는 것도 감수하지 않으면 안 된다.

그러므로 금연할 때는 뇌에 속지 않도록 주의해야 한다. 즉 의식하지 않으면 계속 입에 음식을 넣고, 체중이 불어나는 부작용이 생길 수 있다. 만일 담배를 못 끊는다면 몸만 불어나고 헛수고하는 셈이다. 한 가지 덧붙이자면, 무언가를 입에 넣는 습관을 가진 사람이 있다. 연필과 볼펜을 잘근잘근 씹거나, 지우개 같은 물건을 입에 넣거나, 담배를 피우는 것 등은 모두 뇌에 에너지가 필요하다는 신호다.

# 자신에게 간지럼을 태우면
# 왜 간지럽지 않을까?

사람에 따라서는 간지럼힘을 참지 못하는 사람도 있다. 겨드랑이와 옆구리 등 민감한 부위에 손을 가져다 대기만 해도 자지러지듯이 몸을 비틀고 웃음을 참지 못한다. 실제로 몸을 건드리지 않고 근처에만 가도 웃음을 참지 못하는 사람도 많다. 하지만 이런 사람들조차 자기 몸을 스스로 건드리면 전혀 간지럽지도, 웃음도 나오지 않는다. 도대체 왜 그럴까?

이러한 행위에는 소뇌가 관련되어 있다. 소뇌는 골격근의 운동을 제어하고 몸의 균형을 잡으며 동작을 계획해 실행하는 데 관여한다. 특히 타이밍과 조준 등에 중요한 역할을 한다. 소뇌에 이상이 생기면 리듬에 맞춰 두드리고, 움직이는 물체를 정확히 가리키지 못한다. 또한 말하기, 글쓰기, 타자 치기, 악기 연주하기, 대부분 스포츠 활동과 심지어는 손뼉치기조차 잘하지 못한다. 걸을 때도 마치 술에 취한 것처럼 갈지자로 움직인다. 자세 제어가 안 되기 때문이다.

그래서 소뇌가 손상된 환자가 종종 술에 취한 것으로 오인받기도 한다. 또한 소뇌는 연속적인 주의 전환과 지각에 관여한다. 즉 부드러운 동작 인식을 가능하게 해주는 것이 소뇌인데, 만일 소뇌에 이상이 생기면 연속적인 동작이 부드럽게 이어지지 못하고 마치 로봇처럼 움직인다.

소뇌는 성격 특성을 조절하는 데도 중요한 역할을 한다. 소뇌에 손상이 오면 머릿속에 떠오르는 대로 말하고 행동하게 된다. 마치 전두엽이 손상되었을 때처럼 말이다. 감정도 마치 롤러코스터를 탄 것처럼 기분 좋은 상태에서 나쁜 상태로 양극을 오가며 조증과 울증이 예고 없이 찾아온다.

그런데 소뇌에는 순행모델(forward model)과 역행모델(inverse model)이 있다. 순행모델은 자신이 하는 행동의 감각적 귀결을 예측하고 소거한다. 역행모델은 원하는 행동을 성취하는 데 필요한 동작을 계산하고 실행하도록 해준다. 즉 친구와 야구공을 주고받는다고 했을 때 어느 정도의 힘을 주어 어떤 각도로 얼마큼의 속도로 던지면 상대방이 받을지 계산한다. 그러면 원하는 대로 상대방이 받기 편하게 공을 던져줄 수 있다. 이것이 역행모델이다.

반면에 순행모델은 '내가 이런 행동을 하면 이러한 결과가 나올 것이다'라고 예측하고, 그 결괏값을 제거한다. 예를 들어 자신의 옆구리

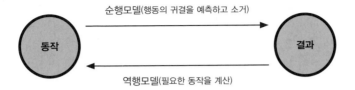

순행모델(행동의 귀결을 예측하고 소거)

동작　　　　　　　　　　　　결과

역행모델(필요한 동작을 계산)

를 스스로 간지럽히면 간지럼을 탄다는 것을 알기에 실제로는 간지럼을 타지 않는다는 것이다. 간지럼힘뿐만 아니라 스스로 꼬집거나 울부짖을 때도 마찬가지다. 남들이 그렇게 할 때는 더 심하게 아프고 더 시끄럽지만 자신이 할 때는 그만큼 자극을 느끼지 못한다.

　이렇듯 간지럽히는 것 하나에도 뇌가 관여한다고 하니 모든 행동과 사고에 미치지 않는 영향은 없는 것 같다. 그러니 뇌를 공부하면 할수록 신기하고 또 신기할 수밖에.

# 멀미는 왜
# 나는 걸까?

2009년에 가족과 같이 제주도로 여행을 간 적이 있었다. 모슬포항에서 배를 타고 마라도로 가는데 파도 때문에 제법 배가 출렁거렸다. 그러자 멀미에 약한 아내와 둘째는 눕다시피 하며 시달렸다. 그래도 가는 편에는 어느 정도 참는가 했더니 제주도로 돌아오는 배편에서는 기어이 구토를 하고 말았다.

이처럼 동일한 상황에서도 어떤 사람은 멀미를 하고 어떤 사람은 하지 않는다. 육지에서는 멀미하지 않는 사람도 배를 타면 하는 경우가 있다. 아마도 대부분 사람은 앞뒤와 좌우로 흔들리는 선체로 인해 멀미가 날 것이다. 그렇다면 멀미는 무엇이고 왜 생길까?

사람은 직접 눈으로 보지 않아도 자신이 지금 어떤 자세를 취하는

지, 몸의 어떤 부위가 어디에 있는지, 어떤 방향으로 있는지 알 수 있다. 바로 고유수용감각 덕분이다. 멀미가 나는 이유는 바로 고유수용감각과 관련이 있다.

알다시피 귓속에는 몸의 균형을 잡아주는 역할을 하는 전정계가 자리한다. 여기에는 액체로 가득 찬 골미로라는 관이 있어 몸의 균형과 자세를 감지한다. 이 관 내부의 공간은 넓은 편이어서 중력이 바뀌면 그에 따라 안을 채우는 액체도 따라 움직인다. 이때 관 전체에 퍼진 신경세포들이 액체의 위치와 형태를 감지하고 이를 뇌에게 전달함으로써 자세와 방향을 알려준다. 만약 액체가 골미로의 한쪽 방향으로 쏠려 있다면 옆으로 누운 자세라는 것을 알 수 있다.

걷거나 뛴다고 생각해 보자. 이때 몸은 위아래로 움직이고 속도도 붙는다. 동작의 변화와 속도는 귓속 액체가 출렁대도록 만든다. 고유수용감각과 전정계는 이런 신호들을 감지한다. 게다가 우리가 걷거나 뛰면 주위 풍경은 따라서 움직인다. 주위 풍경이 움직이는 시각적 정보와 전정계가 보내는 귓속 액체의 움직임을 종합하면 뇌는 몸이 움직인다는 판단을 내린다.

그런데 차를 타고 가만히 앉아서 갈 때를 한번 생각해 보자. 자동차에 가만히 앉아 있으면 몸은 그다지 움직임이 없으므로 귓속의 액체도 움직임이 별로 없다. 따라서 고유수용감각은 뇌에 어떠한 신호도 보내지 않는다. 동시에 눈도 몸이 움직이지 않는다는 신호를 보낸다. 이런 신호를 종합해 뇌는 몸이 움직이지 않고 있다고 판단한다. 하지만 전정계의 판단은 다르다. 비록 귓속의 액체는 출렁이지 않만 자동차의 빠른 속력으로 귓속에서는 가속도에 의한 힘이 발생한다. 원심력 같은 반응이 나타나는 것이다. 그러면 전정계는 몸이 상당히 빠르게 움직이고 있다는 신호를 뇌로 보낸다.

뇌는 딜레마에 빠질 수밖에 없다. 고유수용감각에서 보내오는 정보에 따르면 몸이 움직이지 않는데 전정계에서는 계속 빠르게 움직인다고 한다. 이렇게 상반된 신호를 받으면 뇌는 멀미를 일으킨다. 그리고 정보가 엇갈리는 것은 몸속에 독이 들어왔기 때문이라고 판단한다. 아마도 원시시대의 뇌가 그렇게 길들여진 모양이다. 그래서 독을 배출하기 위한 반사 작용으로 구토가 일어난다. 멀미가 날 때 먹은 것을 게워내는 이유다.

# 출산 시기는 엄마가 정할까, 아기가 정할까?

아기가 엄마 배 속에 있는 시간은 정확히 40주다. 사람은 40주가 아니라 40개월이 되어야 뇌가 완성되지만, 그때까지 배 속에 있으면 뇌가 너무 커져 몸을 빠져나올 방법이 없다. 인간의 경우 직립보행을 하면서 산도가 좁아졌기 때문이다. 그래서 엄마의 좁아진 산도를 겨우 빠져나올 정도로 뇌가 크면 아기는 배 속에서 나온다. 그런데 궁금한 것은 아기가 나올 시기를 엄마가 정할까, 아기가 정할까 하는 것이다.

태아는 엄마 배 속에서 놀라울 정도로 빠르게 자란다. 특히 뇌의 성장에는 무척 많은 에너지가 필요하다. 따라서 태아 뇌의 에너지 수요는 임신 기간 동안 엄청나게 증가한다. 태아의 에너지 수요가 증가할수록 태아는 더 많은 코르티솔을 분비한다. 태아가 분비한 코르티

솔은 마치 외부에서 주입한 인공 코르티솔인 '코르티손(cortison)'과
같다. 엄마가 스트레스에 시달리지 않도록 하기 위해 엄마의 스트레
스 시스템을 활성화하지 않는다는 것이다. 하지만 태아가 분비한 코
르티솔은 엄마의 식욕을 높여 끊임없이 먹도록 만든다. 때로는 발작
적인 허기를 일으키기도 한다. 이는 모두 태아가 자신의 뇌 발달에 필
요한 에너지를 엄마를 통해 보충받기 위한 일이다.

태아는 엄마와 연결된 탯줄을 통해 영양분을 공급받으므로 엄마
몸속의 혈당이 높아지면 당연히 더욱 많은 에너지를 공급받을 수 있
다. 에너지를 많이 소모해야 하는 태아는 필요한 당분을 충족하기 위
해 엄마로 하여금 많은 영양분을 섭취하도록 하는데 이로 인해 혈당
수치가 급격히 상승한다. 이것이 심해지면 엄마는 일시적으로 당뇨
에 걸릴 수 있다. 이를 임신성 당뇨병이라고 한다. 다행히 아기가 태
어나면 혈당은 정상으로 돌아온다.

다시 돌아가면, 태아가 자신의 뇌 성장을 위해 엄마의 에너지를 공
급받을 목적으로 코르티솔 분비를 늘리면 그것은 탯줄을 타고 엄마
에게 전달된다. 그러면 태반은 신호물질 코르티코트로핀 방출 호르
몬(CRH)을 더 많이 생산하고 이 호르몬은 엄마의 혈류를 타고 부신
피질로 이동해 엄마의 코르티솔이 더 많이 분비되도록 한다. 결국 스
트레스 시스템의 영향으로 엄마는 식욕을 느끼는 것이다.

그러다가 40주가 거의 다 되어 출산이 임박하면 태아의 에너지 요
구는 도저히 채울 수 없는 수준으로 높아진다. 그러면 태아 코르티솔
이 태반 CRH의 생산을 유도하고, 거꾸로 태반 CRH가 태아의 코르

티솔 분비를 유도한다. 이렇게 코르티솔 홍수가 태아의 몸 안에서 일어나면 태아는 엄마에게 에너지를 더 달라고 보채는 대신 코르티솔-스타카토(cortisol-staccato)를 통해 임신이 끝났다는 신호를 보낸다.

이 과정에서 또 다른 호르몬이 개입하는데 바로 프로게스테론이다. 이 호르몬은 임신 중 태반에서 생산되고 분비되어 엄마의 뇌로 운반되는데, 엄마에게 임신이 예정대로 잘 진행되고 있음을 알려준다. 그런데 코르티솔-스타카토가 끼어들면 태반에서 프로게스테론이 생산되는 것을 막고 엄마는 산통을 느끼며 출산 과정이 시작된다.

아직 이 문제가 과학적으로 완전히 밝혀진 것은 아니지만 지금까지의 사실만으로 보면 출산은 결국 에너지 공급에 위기를 느낀 태아가 엄마를 자극함으로써 시작되는 것이다. 보면 볼수록 신기한 생명의 세계가 아닐 수 없다.

# 땀 냄새에 위험 신호가
# 담겨 있는 걸까?

인간의 모든 신체감각은 뇌의 심층 변연계 안에 있는 시상 부위를 지나간다. 시각, 청각, 미각, 통각, 촉각 등 외부에서 받아들인 모든 감각 정보는 시상을 거친 후 필요한 정보라고 판단되는 내용들에 한해서만 그 정보를 담당하는 대뇌피질로 전달된다. 하지만 모든 법칙에 예외가 있듯 여기에도 예외가 있다. 후각만큼은 시상을 거치지 않고 직접 후각피질로 전달된다. 그 이야기는 후각이 가장 강력한 감각 정보라는 것이다. 후각 기억은 놀라울 만큼 안정적이기 때문에 한번 기억한 냄새는 절대로 잊히지 않는다.

그런데 알 수 없는 것은 어떤 냄새를 맡았을 때 불현듯 잊었던 기억이 되살아난다는 것이다. 구수한 청국장 냄새를 맡으면 돌아가신

할머니가 떠오른다거나, 특정한 향수 냄새를 맡으면 그 향수를 자주 뿌리던 사람이 생각나는 식으로 말이다. 이를 프루스트 현상(Proust phenomenon)이라고 하는데 그 이유는 그리 대단한 것이 아니다. 후각 정보를 처리하는 대뇌피질과 기억을 처리하는 대뇌피질의 영역이 서로 인접해 있기 때문이다. 위치적으로도 서로 가까이 있을 뿐만 아니라 기능적으로도 밀접하게 관련되어서 냄새 혹은 맛으로 기억이 떠오르는 것은 자연스러운 현상이다.

그런데 후각은 감각 정보를 동반하는 경우가 있다. 한 연구진이 후각에 관한 실험 결과를 발표했다. 연구진은 하이 로프 장애물 코스, 즉 높은 상공에서 외줄을 타고 이동하는 경기를 완주한 사람들의 땀과, 실내에서 운동용 자전거를 탄 사람들의 땀을 채취한 후 무향 티백에 흡수시켰다. 양쪽 땀 냄새에는 별 차이가 없었다.

그 후 게임을 즐기는 사람들을 두 그룹으로 나누었다. 한 그룹에는 하이 로프 장애물 코스를 완주한 사람의 땀 냄새를 맡게 하고, 다른 그룹에는 실내에서 운동용 자전거를 탄 사람의 땀 냄새를 맡게 했다. 편의상 전자를 A, 후자를 B라고 하겠다. 그리고 나서 게임을 시작하자 A 그룹이 결정을 내리는 데 더 오랜 시간이 걸렸다. 하지만 위험 부담 측면에서는 B 그룹보다 훨씬 더 대담했다.

위험을 감수하고 불안함 속에서 경기를 치른 사람의 땀 냄새가 사람들로 하여금 더욱 위험한 행동을 하도록 영향을 끼친 것이라고 볼 수 있다. 이는 어쩌면 개미와 벌처럼 인간도 땀을 통해서 모종의 신호를 보내는 것일 수 있다. 특히나 위험 신호를 말이다.

후각피질은 편도체와 밀접하게 연결되어 있다. 알다시피 편도체는 감정을 자극하고 조절하는 데 중요한 역할을 한다. 따라서 무언가 냄새를 맡을 때 감정적 자극이 전달될 수도 있다. 위험한 일을 하는 사람이 겪은 두렵고 불안한 감정, 안전한 행동을 하는 사람이 느낀 편안한 감정 등이 땀 냄새에 스며들어 전달될 수 있다.

후각이 가진 강력한 힘은 자기와 적합한 사람을 확인하는 것도 가능하도록 돕는다. 한 연구에서는 자기 형제가 입던 티셔츠와 낯선 사람이 입던 티셔츠를 건네주고 냄새를 맡아보라고 하자 형제가 입었던 티셔츠를 구분했다고 한다. 이처럼 후각은 생각보다 강한 힘이 있는데, 연인들 사이에서도 후각이 영향을 미친다고 한다.

스위스의 생물학자 클라우스 베데킨트(Claus Wedekind)는 면역성에서 여성들이 자기와 대비되는 유전암호를 가진 남자에게 가장 끌린다고 주장한다. 자기와 상호 보완적인 DNA를 가진 남자를 만나면 더욱 강력한 면역력을 가진 자손을 낳을 확률이 커진다는 것이다. 코를 가까이 대고 키스하는 동안 여자는 남자의 체취를 통해 자신과 상호 보완되는 유전자를 가졌는지 여부를 무의식적으로 판단하고 성적으로 끌린다.

그런데 후각에도 가소성이 적용될까? 즉 노력하면 후각 능력을 끌어올릴 수 있을까? 위스키 마스터 블렌더와 향을 만드는 조향사의 경우 후각 정보를 처리하는 뇌 영역이 일반 사람보다 훨씬 크다는 연구 결과를 보면 후각도 후천적 노력으로 능력을 끌어올릴 수 있음이 틀림없다. 맡으면 맡을수록 냄새를 더 잘 구분하게 된다는 것이다.

# 잠을 푹 못 자면
# 만성피로가 되는 이유

몸에는 자연환경의 변화에 따라 신체리듬을 조절해 주는 일주기리듬이 있다. 새벽 3~5시 사이에 최저점을 기록하고 오후 6시쯤 최고점을 기록하는데, 일주기리듬을 쉽게 이야기하자면 심부체온, 즉 심장과 폐의 온도 변화라고 보면 된다.

뇌 안에는 빛의 움직임에 따라 24시간을 자연스럽게 움직이도록 만들어주는 생체시계가 있는데 이를 시교차상핵이라고 한다. 아침이 되어 햇빛이 망막을 거쳐 시교차상핵으로 전달되면 이곳에서 송과체에 지시를 내려 세로토닌을 분비하도록 한다. 그러면 각성 상태가 된다. 반대로 저녁이 되어 어둠이 찾아오면 망막을 거쳐 시교차상핵으로 전달되고 다시 송과체에 지시를 내려 멜라토닌을 분비한다. 멜라

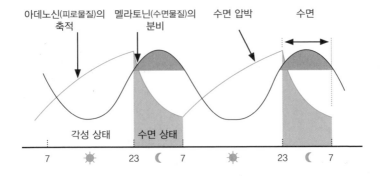

아데노신(피로물질)의 축적 멜라토닌(수면물질)의 분비 수면 압박 수면

각성 상태 수면 상태

7 ☀ 23 🌙 7 ☀ 23 🌙 7

**아데노신의 축적과 멜라토닌의 분비 메커니즘**

토닌이 분비되면 잘 때가 되었으니 모든 신체 기관은 잘 준비를 하라는 신호를 내보내는 것이다. 여기서 멜라토닌은 잘 준비하라는 지시를 내릴 뿐, 실제 잠에는 관여하지 않는다. 잠이 오게 만드는 물질은 아데노신이다.

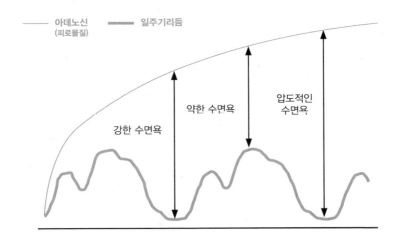

—— 아데노신 (피로물질) ━━ 일주기리듬

약한 수면욕 압도적인 수면욕

강한 수면욕

아데노신은 잠에서 깨어난 직후부터 잠자리에 들 때까지 계속 체내에 쌓인다. 그러다 잠자리에 들면 줄어들기 시작해 하루 8시간 수면을 취하면 모두 해소된다. 대체적으로 잠을 자기에 가장 좋은 시간대는 밤 11시부터 아침 7시 사이이다. 만약 며칠 밤 동안 잠을 못 잔다면 어떻게 될까? 왼쪽 하단의 그림처럼 아데노신은 계속 쌓이는데 수면을 취하지 못하면 이것이 계속 누적된다.

신체는 일주기리듬에 따라 움직이므로 새벽 3~5시 사이에는 걷잡을 수 없이 졸음이 쏟아진다. 하지만 오후가 되면 잠을 못 자도 어느 정도 괜찮다고 느낀다. 그러다가 다시 이틀째 밤을 새우면 그때는 압도적으로 졸음이 쏟아질 수밖에 없다.

야근과 술자리 등으로 밤 11시를 넘겨 새벽 1시쯤 잠들었다고 해보자. 혹은 잠자는 시간이 아까워 이것저것 하다 보니 새벽 1시가 되었다고 해보자. 그때까지 피로물질 아데노신은 체내에 계속 누적되

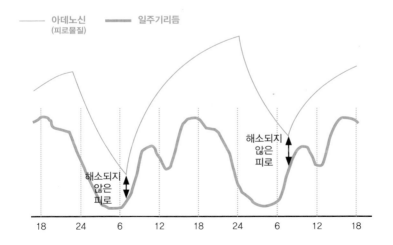

다가 잠자리에 들어서야 해소되기 시작된다. 그런데 아침 출근 시간은 정해져 있으므로 7시면 잠자리에서 일어나야만 한다. 미처 피로물질이 다 해소되기도 전에 잠에서 깨고 해소되지 못한 피로물질은 몸속에 남는 것이다. 그러면 피로물질의 잔해 위에 새로운 피로물질이 쌓인다. 이런 일이 반복적으로 일어나면 시간이 지날수록 축적량은 늘어나고 늘 만성피로에 시달릴 수밖에 없다.

# 비만이 알츠하이머병을
# 부를 수 있다

한때 나는 고도비만까지 이른 적이 있다. 키가 그리 크지 않은 편임에도 몸무게가 정상체중보다 15킬로그램 이상까지 더 나갔다. 다행히 수영을 시작한 후 살이 빠져 지금은 슬림핏 와이셔츠를 입을 정도로 날씬해졌다. 살을 빼고 나니 무엇보다 자신감이 높아졌다. 뚱뚱할 때는 불룩 튀어나온 배를 사람들이 쳐다보는 것이 싫었는데 살을 빼고 군살 없는 몸매를 가지자 시선을 크게 의식하지 않게 되었다. 운동으로 근육을 키운 사람들이 자신의 몸을 보여주고 싶어 하는 이유를 알 것 같았다.

전 세계의 비만 인구는 2017년 기준으로 약 6억 명에 달한다고 한다. 이 수치는 지속적으로 증가 추세고 한국 또한 예외는 아니다. 일반적으로 비만은 건강에 결코 이롭지 않은 것으로 알려져 있다. 당뇨, 심장병, 암 등 질병을 일으키는 주요 원인으로 여겨진다. 그런데 비만이 뇌에도 영향을 미친다는 연구 결과가 발표되었다. 뇌의 인지 능력에 악영향을 준다는 것이다.

프린스턴대학교의 신경과학과 엘리자베스 굴드(Elizabeth Gould) 교수는 쥐를 이용한 실험을 했다. 표준 체형의 그룹과 고지방 음식을 먹여 표준보다 40퍼센트 이상 체중이 많은 비만 그룹을 이용해 미로를 탈출하게 하고 성공률을 측정한 것이다. 연구 결과에 따르면 표준 그룹보다 비만 그룹에 속한 쥐들이 탈출하는 비율이 낮았다.

연구 팀은 이에 대해서 비만 그룹의 쥐는 미로 속에 있는 물체 위치를 기억하는 능력이 저하되어 미로에서 탈출하기 어려워진 것이라고 추정했다. 이후 쥐들의 뇌를 조사한 결과 비만 쥐에서는 신경세포의 수상돌기에서 나오는 '돌기 척추'라는 부위가 감소되어 있었다. 돌기 척추가 감소되면 다른 신경세포와의 시냅스 연결이 줄어들 수밖에 없고 그만큼 신경 활동은 떨어질 수밖에 없다. 심할 경우 신경세포의 고립으로 인한 사멸까지 이어질 수 있다.

이렇게 되면 나이가 들면서 알츠하이머병과 같은 치매가 올 수도 있다. 이 연구를 수행한 팀노 비만과 알츠하이머병의 상관관계를 밝히는 데 주력하고 있다. 비만이 신경세포의 사멸로까지 몰 수 있다니 참으로 무서운 일이다. 생각해 보면 비만이 좋을 건 하나도 없다.

먹는 것은 삶의 즐거움 중 하나다. 특히나 맛있는 음식을 먹을 때면 도파민이 분비되며 쾌감과 행복감까지 느낀다. 그 쾌감에 도취되다 보면 지켜야 할 선을 넘을 때가 많다. 나 역시 배가 너무 불러 움직이기도 힘들 때까지 먹어본 경험이 있으니 말이다. 하지만 건강, 특히 뇌의 건강을 생각해서 조금만 자제력을 발휘하면 더욱 좋지 않을까 한다. 늦기 전에 말이다.

# 살을 빼기 위한
# 두 가지 비결

날씬해 보이고 싶은 것은 모든 사람의 바람이다. 그래서 충분히 날씬함에도 살을 빼려고 여러 노력을 한다. 어떤 경우에는 학대에 가까울 정도로 살을 빼기 위해 고생하기도 한다. 여기 살을 뺄 수 있는 두 가지 아주 간단한 방법이 있다. 실천하기에 어렵지도 않으니 꼭 따라 해보길 바란다.

첫 번째 방법은 잠을 충분히 자는 것이다. 한 수면연구소에서 과체중인 남녀 집단을 2주 동안 의료 센터에 머물게 하면서 살을 빼는 실험을 했다. 연구진은 피험자들을 무작위로 두 그룹으로 나눈 후 한쪽은 평균 5.5시간만 자게 했고, 다른 한쪽은 8.5시간을 자게 했다. 2주가 지나자 양쪽 집단 모두 체중이 감소했다. 그러나 중요한 것은 체중이 줄어든 요인이었다. 하루에 5.5시간만 잔 그룹은 체중 감소의 70 퍼센트 이상이 지방 외 근육에서 이뤄졌다. 반면에 매일 밤 8.5시간 을 잔 그룹은 50퍼센트 이상이 근육이 아니라 지방에서 줄어들었다.

지방은 그대로인 채 근육이 빠지는 다이어트는 전혀 도움이 되지 않는다. 잠을 충분하게 못 자면 몸은 지방을 쉽사리 내주지 않는다. 지방은 만일을 대비해서 간직하고 근육을 대신 내어줌으로써 다이어 트의 본래 목적과는 다른 결과를 열게 한다. 그러므로 살을 빼겠다고 마음먹었다면 우선은 잠을 충분히 자는 것이 바람직하다.

두 번째 방법은 첫 번째보다 더 간단하다. 그저 껌만 씹으면 되기 때문이다. 사람은 배가 고프면 뇌에서 '밥을 먹어라', 밥을 먹고 배가 부르면 '배가 부르니 그만 먹어라'라는 명령을 내린다. 이런 명령을 내 리는 곳이 섭식중추와 포만중추다. 둘 모두 시상하부에 있다. 섭식중 추와 포만중추가 균형을 이루면서 대부분 사람은 식욕을 조절한다.

섭식중추에 작용하는 신경전달물질은 도파민이고 포만중추에 작 용하는 신경전달물질은 세로토닌이다. 음식점 앞을 지날 때 맛있는 냄새가 풍겨 나오면 갑자기 식욕이 동하는데 이는 뇌 속에 도파민이 많이 분비되어 섭식중추가 자극을 받기 때문이다.

도파민에 의해 뇌가 흥분 상태가 되면 세로토닌은 이를 진정시키 는 역할을 한다. 그런데 리드미컬하게 껌을 씹으면 세로토닌 작동 신 경계가 활성화되어 세로토닌 분비가 촉진된다. 그래서 식사하기 전에 껌을 씹으면 포만중추가 자극되어 식사량이 줄어도 포만감을 느낀다.

운동 없이 먹는 양을 줄이는 것만으로 다이어트를 하려면 더욱 힘들다. 근육과 지방이 같이 빠지기 때문이다. 게다가 근육의 감소와 함께 기초대사도 떨어져 식사량이 줄어도 그것이 지방으로 축적될 가능성이 크다. 기초대사가 떨어지면 렙틴의 분비가 감소하는데 렙틴은 포만중추를 자극하는 호르몬이다. 포만중추가 자극되지 않으므로 당연히 공복감은 쉽게 가라앉지 않는다. 따라서 요요 현상이 나타날 수도 있다.

하지만 껌을 씹어서 살을 빼면 이야기가 달라진다. 19세에서 22세 여자 대학생 53명에게 아침, 점심, 저녁 세 번에 걸쳐 식사하기 전 약 10분 동안 껌을 씹게 했더니 9주 후에 70퍼센트 정도가 체중이 줄어들었다고 한다. 그중에는 최대 9킬로그램까지 감량에 성공한 사람도 있었다. 바람직한 점은 껌을 씹어서 살을 빼는 경우 피하지방과 내장지방이 모두 감소했으며, 체중이 많이 나가는 사람일수록 감소량이 많다는 것이다. 희망적인 소식은 5주 후에 들려왔다. 다이어트에 성공한 사람들이 껌 씹기를 그만두었을 때 5주 동안 체중이 어떻게 변화하는지 관찰했다. 그랬더니 체중은 원래대로 돌아가지 않고 큰 변화 없이 유지되었다.

만약 당신이 살을 빼겠다고 마음먹었다면 단순히 적게 먹는 것만으로는 안 된다는 것을 알았으면 좋겠다. 운동이 가장 좋은 방법이지만 바쁘고 힘들어서 운동할 시간이 없다면 잠을 충분히 자고 껌을 씹는 것만으로도 살을 뺄 수 있다. 두 가지 방법 모두 그렇게 어려운 일은 아니지 않은가.

# 인간이 뇌를
# 만들 수 있을까?

인간이 생체조직을 이용해 인공장기를 만든 것은 꽤 오래된 일이다. 과학자들은 배아줄기세포와 성체줄기세포 등을 배양하거나 재조합 함으로써 심장과 위, 간, 피부, 귀 등 인공장기와 미니 장기 오가노이 드를 만들어왔다. 이를 활용해 질병을 치료하거나 신약을 개발하려 고 노력하는데 그 역사가 10년이 넘었다. 2009년에 네덜란드의 한스 클레버스(Hans Clevers) 박사 팀이 성체줄기세포로 장관 오가노이드를 처음 제작한 것이 시초다.

그런데 2009년 8월에 캘리포니아대학교의 생물학자 앨리슨 무오 트리(Alysson Muotri) 박사 팀이 미숙아 수준의 '미니 뇌'를 개발하는 데 성공했다. 연구진은 특정한 유전자를 인위적으로 발현함으로써 인공적으로 줄기세포를 만들고 그것을 이용해 미니 뇌로 키웠다고 한다. 물론 미니 뇌는 태아의 뇌를 생물학적으로 모방한 수준이며 인간처럼 사고하고 인지할 수는 없다.

연구진이 개발한 뇌는 인간 뇌보다 백만 배 작은, 그야말로 신경 덩어리에 불과하지만 개발 2개월 만에 뇌파를 감지했다. 신호는 희미했지만 미성숙한 인간 뇌의 주파수와 같았으며, 시간이 지나면서 다른 주파수를 가진 뇌파를 발생시켰다. 신호도 조금 더 규칙적으로 나타났다. 이는 미니 뇌가 성장하면서 신경망이 좀 더 발달했기 때문이다. 즉, 미니 뇌에서 발생하는 뇌파의 활동 패턴을 미숙아의 것과 비교한 결과 유사성이 나타났다.

이런 이야기를 들으면 어떤 생각이 드는가? 연구진이 미니 뇌를 만든 것은 뇌전증과 조현병, 알츠하이머병, 다운증후군 등 뇌의 질환을 치료하기 위한 목적이라고 한다. 미니 뇌를 이용할 경우 사람의 뇌와 동일하므로 동물실험을 거치지 않고 직접 뇌에 작용할 약물 또는 치료 방법을 찾을 수 있다는 것이다. 비용도 동물실험의 100분의 1에 불과하다고 한다.

하지만 누군가가 나쁜 마음을 먹고 인간 뇌를 정상 크기로 배양한다면 어찌할 것인가? 뇌는 살아남을까? 그렇게 되기는 힘들다. 뇌는 기본적으로 몸을 움직이려고 존재하기에 몸 없이 뇌만 따로 떼어내서는 생존할 수 없다. 외부 자극 없이 뇌 혼자서만 버틸 수 없기 때문이다. 그렇다면 인위적으로 감각 정보를 전달하는 몸을 갖춘 뇌를 만든다면? 그건 충분히 가능한 일이다. 시간상의 문제일 뿐. 그야말로 인조인간이 만들어질 수 있는 셈이다.

생각만으로도 참 끔찍한 일이다. 그렇게 만들어진 생명체는 인간일까, 인간이 아닐까? 인간으로 대해야 할까, 아니면 인간의 질병 치료를 위해 쥐와 원숭이처럼 실험용으로 취급해야 할까? 치료 목적을 위해서라지만 알츠하이머병 같은 질병을 심어놓고 고통스럽게 죽어가는 모습을 보는 것은 윤리적으로 맞는 일일까? 어쩌면 그런 세상이 더욱 빨리 올 수도 있다.

# 손을 많이 쓰면
# 창의적 사고가 가능하다?

기업의 경영 환경이 갈수록 열악해지면서 모든 조직에서 창의적으로 사고하라는 목소리가 높아졌다. 어쩌면 그만큼 사람의 사고 수준이 퇴보했기 때문인지 모르겠다. 납득하기 어려울지 모르지만 과학기술 측면을 제외하고 사유의 주체로서 사고의 깊이는 점차 얕아지고 있음이 명백하다.

현대사회에서는 육체노동은 가치가 낮은 일처럼 여기는 반면, 지식노동은 부가가치가 높은 일로 받아들인다. 이에 따라 사람들은 점차 몸을 움직이는 중요성을 잊어버린 채 오로지 머리만 사용하려고 한다. 몸을 쓰지 않기 시작하면서 생각과 행동이 분리되었으며 사무실은 화이트칼라들을 위한 공장으로 바뀌었다.

지식노동자는 과거 육체노동이 단순 노동화되는 과정을 거친 것처럼 정보시스템의 조작자나 창조성이 떨어지는 단순한 일꾼으로 퇴화되고 있다. 사유를 통해 가치 있는 판단을 내리지 못하고 주어진 환경에서 최적의 선택지를 고르는 정도의 사고만 하는 것이다. 판단이 필요한 순간에 키보드 앞에서 검색을 택한다. 검색이 사색을 대체한 것이다. 이로 인해 사고 수준은 더욱 얕아지고 인간은 무책임해졌다.

생각은 사고 활동의 산물이고 사고는 뇌 활동에 의해 이뤄진다. 기존과 다른 창의적 사고는 뇌가 활발하게 움직이지 않고서는 불가능하다. 그런데 뇌는 몸과 밀접한 관련이 있다. 몸을 많이 움직이는 환경일수록 뇌 기능이 발달하지만 몸을 움직일 필요가 없는 환경에서는 퇴화된다. 사고하는 것은 느끼는 것이고 느끼는 것은 사고하는 것이다.

느끼기 위해서는 몸이 가진 다양한 신체 기관의 감각과 근육의 움직임을 충분히 활용해야 한다. 어느 정도의 힘을 가해야 칼로 무를 자를 수 있는지 아는 것처럼 몸은 머리에 앞서 일의 처리 방법을 알고 있다. 근육의 움직임에 대한 감각, 몸의 느낌 등은 상상력 넘치는 사고의 강력한 도구가 되어준다. 심리학자인 프레더릭 바틀릿은 기능적 몸놀림과 생각하기가 유사하다고 강조한다. 베라 존 스타이너 역시 몸을 사고의 도구로 보았다.

신체 중에서도 특히나 손은 뇌 활동에 큰 영향을 미치는 부분이다. 뇌 속에는 모든 감각기관으로부터 입력되는 정보를 받아들이는 체감각피질이 자리 잡고 있다. 정수리를 중심으로 마치 헤어밴드처럼 길게 분포되어 있다. 이 영역의 크기에 따라 인간의 모습을 재구성한 것을 '호문쿨루스'라고 한다. 놀랍게도 호문쿨루스는 신체 크기와 맞먹는 손을 가지고 있다. 그만큼 손으로부터 받아들이는 정보가 뇌 활동에 큰 영향을 미친다는 것이다.

고대 그리스 철학자 아낙사고라스는 '손을 사용하기 때문에 인간은 가장 지능적인 동물이다'라고 했다. 철학자 하이데거는 손작업을 '사물이 가장 독창적으로 그 모습을 드러내도록 하는 양식'이라고 말했다. 인간이 비약적으로 발전하게 된 것은 직립보행을 한 이후부터라고 한다. 직립보행으로 자유롭게 된 손을 쓰면서 손과 연결된 뇌가 발달하고 도구를 만들어냄으로써 비약적인 발전에 이른 것이다.

그런데 현대인의 삶은 점점 더 손과 몸을 쓰지 않는 상태로 바뀌고 있다. 직접 경험하는 것보다는 인터넷과 같은 통신수단을 통해 쉽게 정보를 얻는다. 굳이 힘들게 노력할 필요가 없는 것이다. 예전엔 식사하기 위해서는 밥을 짓고 반찬을 만드는 등 요리 활동을 해야 했지만 요즘에는 전자레인지로 덥히기만 하면 되는 즉석 음식이 식탁을 점령하고 있다. 정보를 얻기 위해 누군가를 찾아가는 수고를 하거나 이야기를 나눌 필요도 없이 스마트폰에서 몇 번 검색만 하면 된다.

이러한 환경 변화는 손과 몸을 사용하는 기회를 박탈하고, 이는 결국 뇌 활동의 저하로 이어질 수밖에 없다. 그리고 뇌 활동의 저하는 사고의 저하로 이어진다. 실리콘밸리의 창의적인 기업들이 회사 내부에 운동 시설과 놀이 시설을 갖춰놓는 것도 단순히 지원 복지 차원만은 아닌 것이다.

'사고'와 '행동'이 밀접하게 연관된다면, 세계를 지적으로 올바르게 이해하는 것은 우리가 하는 일에 좌우된다. 신발끈을 제대로 알려면 신발끈을 묶어봐야 한다. 그러한 경험 없이 머릿속으로만 생각하면 생각의 오류를 범한다. 서구 문화의 초기에 '지혜'는 '기술'을 의미했다. 몸을 통해 경험한 것은 직관적 사고를 형성하는 데 큰 기여를 한다. 예를 들어 엄마는 아이가 울면 직관적으로 무엇 때문인지 알아챈다. 분석을 통해 판단하지 않는다. 이러한 직관은 통찰력 있는 사고를 떠올리는 데 유리하다.

# 뇌 안에는
# '제니퍼 애니스턴' 세포가 있다

사람은 다른 사람의 얼굴을 어떻게 알아볼까? 고양이와 개는 어떻게 구별할까? 뇌에서 사물을 인식하는 메커니즘에 대해서는 꽤 오랫동안 궁금증으로 남아 있었다. 1970년대 초 프린스턴대학교의 찰스 그로스(Charles G. Gross) 교수가 마카크원숭이의 시각피질에 있는 신경세포에서 얼굴에 반응하는 신경세포를 발견한 적은 있었다. 그 후 사람이 다른 사람의 얼굴을 어떻게 분간하는지에 대한 연구가 이뤄지기도 했으나 주로 fMRI와 뇌파검사 같은 장치를 이용한 것이었다. 여기에선 사람의 시각피질에 있는 얼굴 인식 신경세포는 발견되지 않았다.

이스라엘 바일란대학교 의식 및 인지 실험실의 바딤 액설로드

(Vadim Axelrod) 박사와 프랑스 뇌연구소가 공동으로 진행한 연구에서 후두엽에 자리한 시각피질에서 사람의 얼굴에 선택적으로 반응하는 신경세포를 발견했다. 연구를 진행한 학자들은 시각피질에 있는 신경세포가 사물과 도시 풍경 등 일반적인 것보다 사람 얼굴에 더욱 강력하게 반응하는 것을 관찰했다.

이 신경세포는 시각피질을 이루는 방추형 얼굴 영역(fusiform face area) 옆에 있다. 뇌전증 환자를 대상으로 한 연구에서 전 프랑스 대통령 니콜라 사르코지와 배우 카트린 드뇌브 같은 유명한 사람의 사진을 보면 신경세포가 강하게 반응했다. 연구 팀은 뇌전증 환자의 방추형 얼굴 영역 가까운 곳에 전극을 꽂았다가 우연히 얼굴 인식 신경세포를 발견했다.

1960년대 제리 레트빈(Jerry Lettvin)은 '할머니 세포'가 있다는 주장을 한 바 있는데 신경세포 중에 할머니의 얼굴을 알아보고 반응하는 세포가 있다는 것이었다. 이 주장에 대해 신경과학자들은 우스갯소리로만 여겨왔는데, 이 연구로 할머니 세포가 실제 있음이 밝혀졌다.

그런데 얼굴에 반응하는 신경세포가 있다는 주장이 이번에 처음 나온 것은 아니다. 영국 레스터대학교의 로드리고 키로가(Rodrigo Quiroga) 교수는 2005년에 진행한 실험에서 중앙 측두엽 부근에 작은 전극 100개를 꽂았다. 대부분은 기억 처리에 관여하는 해마에 고정했다. 그리고 유명한 장소와 음식, 유명인 등 71개에서 114개의 사진을 사람들에게 보여주며 각 전극에 연결된 신경세포의 발화 상태를 측정했다. 그랬더니 993개의 신경세포 중 132개에 반응이 있었다.

그중 한 여성에게 배우 제니퍼 애니스턴의 사진 7장을 보여줬더니 신경세포가 발화되었다. 동물, 풍경 그리고 줄리아 로버츠의 사진을 보여주었을 때는 신경세포의 발화가 일어나지 않았다. 하지만 제니퍼 애니스턴의 사진에는 지속적으로 신경세포가 발화했다. 그래서 이 신경세포에는 '제니퍼 애니스턴 세포'라는 이름을 붙였다. 또한 어떤 사람이 할리 베리의 사진을 보았을 때 비슷한 반응이 나타났다. 특정 신경세포가 특정 인물에만 발화된 것이다.

　그런데 바딤 액설로드 박사가 발견한 얼굴 인식 신경세포는 제니퍼 애니스턴 세포와는 조금 다르다. 우선 세포가 발견된 장소가 측두엽이 아니라 후두엽, 즉 시각피질이다. 또 이 세포는 유명인이든 그렇지 않든 모든 사람의 얼굴에 강하게 반응했다. 게다가 제니퍼 애니스턴 세포보다 이번에 발견된 신경세포의 반응 속도는 훨씬 빨랐다. 제니퍼 애니스턴 세포는 반응 속도가 0.3초 이상이었던 반면 이번 연구에서는 0.15초 이내였다.

　사회적 동물인 인간이 다른 사람의 얼굴을 알아보고 적절한 반응을 나타내는 것은 인지 기능 중에서도 가장 중요한 것이다. 그러기에 인간에게는 생존 방편으로 얼굴을 알아볼 수 있는 신경세포가 발달한 것이 아닌가 한다.

## CHAPTER 1
## 최소한의 뇌과학으로 행동의 비밀을 풀다

◆ **나이 든 사람일수록 말이 안 통하는 이유**
- Lynn Hasher, Rose T. Zacks. 1988, "Working Memory, Comprehension, and Aging: A Review and a New View." *The Psychology of Learning and Motivation*, Vol. 22, pp. 193~225.

◆ **남자가 고가의 물건을 사는 이유**
- 데이비드 버스. 2007.《욕망의 진화》. 사이언스북스.

◆ **어떤 사람은 왜 눈치 없이 행동할까?**
- 매튜 D. 리버먼. 2015.《사회적 뇌》. 시공사.

◆ **번지점프대에서 뛰어내리지 못하는 이유**
- 카야 노르뎅옌. 2019.《내가 왜 이러나 싶을 땐 뇌과학》. 일센치페이퍼.

◆ **청소년은 왜 무모한 짓을 할까?**
- 모헤브 코스탄디. 2016.《일상적이지만 절대적인 뇌과학 지식 50》. 반니.
- 데이비드 디살보. 2012.《나는 결심하지만 뇌는 비웃는다》. 모멘텀.

◆ **세 살 버릇은 정말 여든까지 갈까?**
- 존 메디나. 2009.《브레인 룰스》. 프런티어.

◆ **어린아이의 스마트폰 사용은 정말 괜찮을까?**
- 송현정. "지나친 스마트폰 사용, 뇌 발달 지연과 ADHD 초래".《내외뉴스통신》. 2018.6.2.

◆ **왜 다리를 떠는 걸까?**
- 조 디스펜자. 2009.《꿈을 이룬 사람들의 뇌》. 한언.

◆ 공부할 때나 일할 때 음악을 듣는 게 효과적일까?

• 이슬기. "일상 속 백색소음, 그 효과는?".《사이언스타임즈》. 2014.4.9.

• Joanne Cantor. "Is Background Music a Boost or a Bummer?" *Psychology Today.* 2013.5.27.

• Nelly A. Papalambros, Phyllis C. Zee, et al. "Acoustic Enhancement of Sleep Slow Oscillations and Concomitant Memory Improvement in Older Adults." *Frontiers in Human Neuroscience.* 2017.3.8.

• Rausch V. H., Bauch E. M., Bunzeck N. 2014. "White Noise Improves Learning by Modulating Activity in Dopaminergic Midbrain Regions and Right Superior Temporal Sulcus." *Journal of Cognitive Neuroscience*, Vol. 26, pp. 1469~1480.

◆ 싸움과 공격은 인간의 본능일까?

• 박솔. 2017.《뇌과학으로 사회성 기르기》. 궁리출판.

• 닐스 비르바우머, 외르크 치틀라우. 2018.《머리를 비우는 뇌과학》. 메디치미디어.

◆ 가벼운 신체 접촉이 설득에 미치는 영향

• Jeffrey D. Fisher et al. 1976. "Hands Touching Hands: Affective and Evaluative Effects of Interpersonal Touch." *Sociometry*, Vol. 39, No. 4, pp. 416~421.

• Laura J. Kray, Connson C Locke, Alex B. Van Zant. 2012. "Feminine Charm: An Experimental Analysis of Its Costs and Benefits in Negotiation." *Personality and Social Psychology Bulletin*, Vol. 38, No. 10, pp. 1343~1357.

CHAPTER 2 ─────────────

## 뇌가 곧 현상의 세계다

◆ 왼팔과 오른팔 중 어느 쪽이 더 좋을까?

• 데이비드 루이스. 2014.《뇌를 훔치는 사람들》. 청림출판.

• Daniel Casasanto et al. 2011. "When Left is 'Right': Motor Fluency Shapes Abstract Concepts." *Psychological Science*, Vol. 22, No. 4, pp. 419~422,

◆ 일을 미루거나 여유를 부리는 이유

• 데이비드 디살보. 2012.《나는 결심하지만 뇌는 비웃는다》. 모멘텀.

- 카야 노르뎅엔. 2019. 《내가 왜 이러나 싶을 땐 뇌과학》. 일센치페이퍼.

◆ **나이 들면 시간이 빨리 가는 이유**
- 곽노필. "나이가 들면 시간이 빨리 가는 이유가 추가됐다". 《한겨레》. 2019.3.28.

◆ **뭐더라, 그 이름이 뭐였지?**
- 박솔. 2017. 《뇌과학으로 사회성 기르기》. 궁리출판.

◆ **수포자는 왜 생겨날까?**
- 박미용. "뇌 속 화성 남자 vs. 금성 여자". 《사이언스타임즈》. 2008.8.7.
- 정지주. "머리 좋은 비밀은 '두정엽'". 《KBS뉴스》. 2005.9.8.
- 존 메디나. 2009. 《브레인 룰스》. 프런티어.
- 최영식. "'힘과 지혜의 상징' 긴 머리카락… 삼손은 수학도 잘했을까". 《경향비즈》. 2017.11.2.

◆ **유난히 운이 좋은 사람들의 비밀**
- 하시가이 고지. 2019. 《운이 좋다고 말해야 운이 좋아진다》. 포레스트북스.

◆ **천재와 바보는 종이 한 장 차이?**
- 카야 노르뎅엔. 2019. 《내가 왜 이러나 싶을 땐 뇌과학》. 일센치페이퍼.

◆ **빨간색이 강할까, 파란색이 강할까?**
- 이안 로버트슨. 2013. 《승자의 뇌》. 알에이치코리아.
- Joseph A. Bellizzi, Robert E. Hite. 1992. "Environmental Color, Consumer Feelings, and Purchase Likelihood." *Psychology & Marketing*, Vol. 9, pp. 347~363.
- Russell A. Hill, Robert A. Barton, 2005. "Red Enhances Human Performance in Contests: Signals Biologically Attributed to Red Coloration in Males May Operate in the Area of Combat Sports." *Natuer*, Vol. 435, p. 293.

◆ **옆에서 숙제를 도와주면 어떤 일이 일어날까?**
- Gráinne M. Fitzsimons, Eli J. Finkel. 2011. "Outsourcing Self-Regulation." Psychological Science.

◆ **좌뇌는 논리적이고, 우뇌는 감성적일까?**
- 김종성. 2005. 《춤추는 뇌》. 사이언스북스.

- 다니엘 G. 에이멘. 2008. 《그것은 뇌다》. 한문화.

◆ **사람의 마음을 읽고 말로 바꿔줄 수 있을까?**

- 유세진. "美연구팀, 사람 마음 읽어 말로 바꿔주는 기술 개발". 《뉴시스》. 2019.4.25.

◆ **생각만으로 뇌를 바꿀 수 있다?**

- 조 디스펜자. 2009. 《꿈을 이룬 사람들의 뇌》. 한언.

◆ **인간이 몸에 비해 큰 뇌를 가지게 된 이유**

- 매튜 D. 리버먼. 2015. 《사회적 뇌》. 시공사.
- 윤신영. "혹독한 환경서 살아남기 위해… 인간은 '큰 뇌'를 갖게 됐다". 《동아일보》. 2018.6.8.

◆ **가난한 사람은 사는 낙이 없다?**

- 마이클 쿠하. 2014. 《중독에 빠진 뇌》. 해나무.

◆ **성 소수자를 바라보는 바람직한 시각**

- 네이버캐스트. 2015. "인간의 성을 결정짓는 세 가지". https://terms.naver.com/entry.nhn?docId=3579081&cid=59041&categoryId=59041

## CHAPTER 3

# 감정도 뇌가 설계한다

◆ **걱정이 많으면 왜 잠이 안 올까?**

- 아힘 페터스. 2013. 《이기적인 뇌》. 에코리브르.
- Onno C. Meijer, J. C. Buurstede, Marcel J. M. Schaaf. 2019. "Corticosteroid Receptors in the Brain: Transcriptional Mechanisms for Specificity and Context-Dependent Effects." *Cellular and Molecular Neurobiology*, Vol. 39, pp. 539~549.

◆ **나는 내 감정 상태를 잘 알고 있을까?**

- 샤론 베글리, 리처드 J. 데이비드슨. 2012. 《너무 다른 사람들》. 알키.

◆ **귀여운 것에 왜 유독 마음이 약해질까?**

- Katherine K. M. Stavropoulos, Laura A. Alba. "It's so Cute I Could Crush It!:

Understanding Neural Mechanisms of Cute Aggression." *Frontiers in Behavioral Neuroscience*. 2018.12.4.

- M. L. Kringelbach et al. 2016. "On Cuteness: Unlocking the Parental Brain and Beyond." *Trends in Cognitive Sciences*, Vol. 20, pp. 545~558.
- Morten L. Kringelbachet al. 2016. "How Cute Things Hijack Our Brains and Drive Behavior." *The Conversation*. 2016.7.5.

◆ 사람을 닮은 로봇을 보면 기분이 나쁜 이유

- 이정아. "사람 닮은 로봇을 보면 공포심 생기는 이유 찾았다".《동아사이언스》. 2019.7.2.
- 최강. "인간 같은 로봇, 로봇 같은 인간".《사이언스온》. 2015.11.10.
- Astrid Rosenthal-von der Pütten et al. 2019. "Neural Mechanisms for Accepting and Rejecting Artificial Social Partners in the Uncanny Valley." *The Journal of Neuroscience*, Vol. 39, pp. 6555~6570.
- Jeremy Hsu. "Why Uncanny Valley Human Look-Alikes Put Us on Edge." *InnovationNewsDaily*. 2012.4.3.

◆ 강박감과 자책감, 그리고 중독

- 데이비드 디살보. 2012.《나는 결심하지만 뇌는 비웃는다》. 모멘텀.

◆ 글쎄, 그건 착각이라니까

- Meston C. M., Frohlich, P. F. 2003. "Love at First Sight: Partner Salience Moderates Roller-coaster-induced Excitation Transfer." *Archives of Sexual Behavior*, Vol. 32, No. 6, pp. 537~544.

◆ 나이 들면 왜 이타심이 적어질까?

- 윤태희. "이타심 적은 노인들, 이유는 뇌 변화 탓".《나우뉴스》. 2018.5.16.

◆ 암암리에 뇌 속에 자리 잡고 있는 편견

- 박솔. 2017.《뇌과학으로 사회성 기르기》. 궁리출판.
- 엘든 테일러. 2012.《무엇이 우리의 생각을 지배하는가》. 알에이치코리아.

◆ 술 마시면 기분이 좋아지는 이유

- 데이비드 디살보. 2014.《뇌는 왜 삽질을 시킬까?》. 청림출판.

◆ **나쁜 기억을 지울 수 있을까?**

- 비비씨포코리아. 2015. "'행복한 기억'이 유도된 쥐들, 우울증을 극복하다". https://www.facebook.com/BBCforKorea/posts/477089819115990

◆ **과식하면 왜 기분이 나쁠까?**

- 김성우. "[인간은 과식할 준비가 돼 있지 않다] 인간이 과식하면 안 되는 이유".《동아사이언스》. 2015.10.30.
- Juan M. Dominguez. "How Overeating Changes the Brain." *Psychology Today.* 2019.8.14.
- Rossi M. A. et al. 2019. "Obesity Remodels Activity and Transcriptional State of a Lateral Hypothalamic Brake on Feeding." *Science*, Vol. 364, No. 6447, pp. 1271~1274.

◆ **어떤 사람은 왜 회복탄력성이 낮을까?**

- 샤론 베글리, 리처드 J. 데이비드슨. 2012.《너무 다른 사람들》. 알키.


CHAPTER 4 ─────────────────────────────

## 뇌는 몸을 움직이기 위해 존재할 뿐이다

◆ **나이가 들면 운동도 잘 골라서 해야 한다**

- Arthur F. Kramer et al. 2004. "Cardiovascular Fitness, Cortical Plasticity, and Aging". Proceedings of the National Academy of Sciences, Vol. 101, No. 9, pp. 3316~3321.
- Kirk I. Erickson et al. 2011. "Exercise Training Increases Size of Hippocampus and Improves Memory." Proceedings of the National Academy of Sciences, Vol. 108, No. 7, pp. 3017~3022.

◆ **글씨로 성격을 파악할 수 있을까?**

- 다니엘 G. 에이멘. 2008.《그것은 뇌다》. 한문화.
- 한스-게오르크 호이젤. 2008.《뇌, 욕망의 비밀을 풀다》. 흐름출판.

◆ **눈을 감으면 왜 한쪽 다리로 서 있기 힘들까?**

- 로랑 코앙. 2019.《나를 속이는 뇌, 뇌를 속이는 나》. 북스힐.

◆ 담배를 끊으면 왜 먹을 것이 당길까?
- 아힘 페터스. 2013.《이기적인 뇌》. 에코리브르.

◆ 자신에게 간지럼을 태우면 왜 간지럽지 않을까?
- 장동선. 2017.《뇌 속에 또 다른 뇌가 있다》. 아르테.

◆ 멀미는 왜 나는 걸까?
- 딘 버넷. 2018.《뇌 이야기》. 미래의창.

◆ 출산 시기는 엄마가 정할까, 아기가 정할까?
- 아힘 페터스. 2013.《이기적인 뇌》. 에코리브르.

◆ 땀 냄새에 위험 신호가 담겨 있는 걸까?
- 카야 노르뎅엔. 2019.《내가 왜 이러나 싶을 땐 뇌과학》. 일센치페이퍼.
- Katrin Haegler et al. 2010. "No fear, No risk! Human risk behavior is affected by chemosensory anxiety signals." *Neuropsychologia*, Vol. 48, No. 13, pp. 3901~3908.

◆ 비만이 알츠하이머병을 부를 수 있다
- 디지털뉴스부. "뚱뚱하면 뇌 인지 능력 약화, 치매 위험도↑".《파이낸셜뉴스》. 2018.9.14.

◆ 살을 빼기 위한 두 가지 비결
- 매슈 워커. 2019.《우리는 왜 잠을 자야 할까》. 열린책들.
- 오노즈카 미노루. 2014.《껌만 씹어도 머리가 좋아진다》. 클라우드나인.

◆ 인간이 뇌를 만들 수 있을까?
- 강지희. "'미니 뇌' 제작 성공".《이웃집과학자》. 2019.10.22.

◆ 손을 많이 쓰면 창의적 사고가 가능하다?
- 매슈 크로퍼드. 2017.《손으로, 생각하기》. 사이.

◆ 뇌 안에는 '제니퍼 애니스턴' 세포가 있다
- 심재율. "얼굴 인식하는 신경세포 따로 있다".《사이언스타임즈》. 2019.2.12.

# 습관을 만드는 뇌

**초판 1쇄 발행** 2020년 12월 30일
**초판 2쇄 발행** 2021년  1월 10일

**지은이** 양은우
**펴낸이** 권미경
**기획편집** 김효단
**마케팅** 심지훈, 강소연, 김재영
**디자인** 디자인규
**펴낸곳** ㈜웨일북
**출판등록** 2015년 10월 12일 제2015-000316호
**주소** 서울시 서초구 강남대로95길 9-10, 웨일빌딩 201호
**전화** 02-322-7187 **팩스** 02-337-8187
**메일** sea@whalebook.co.kr **페이스북** facebook.com/whalebooks

소중한 원고를 보내주세요.
좋은 저자에게서 좋은 책이 나온다는 믿음으로, 항상 진심을 다해 구하겠습니다.

「이 도서의 국립중앙도서관 출판예정도서목록(CIP)은
서지정보유통지원시스템 홈페이지(http://seoji.nl.go.kr)와
국가자료공동목록시스템(http://www.nl.go.kr/kolisnet)에서 이용하실 수 있습니다.
(CIP제어번호: CIP2020053298)